高校体育教学方法与实践创新

柯 旭 ◎ 著

吉林出版集团股份有限公司

版权所有　侵权必究

图书在版编目（CIP）数据

高校体育教学方法与实践创新 / 柯旭著. — 长春：吉林出版集团股份有限公司，2024.2
ISBN 978-7-5731-4634-2

Ⅰ.①高… Ⅱ.①柯… Ⅲ.①体育教学－教学研究－高等学校 Ⅳ.①G807.4

中国国家版本馆CIP数据核字（2024）第049774号

高校体育教学方法与实践创新
GAOXIAO TIYU JIAOXUE FANGFA YU SHIJIAN CHUANGXIN

著　　者	柯　旭
出版策划	崔文辉
责任编辑	杨　蕊
封面设计	文　一
出　　版	吉林出版集团股份有限公司
	（长春市福祉大路5788号，邮政编码：130118）
发　　行	吉林出版集团译文图书经营有限公司
	（http://shop34896900.taobao.com）
电　　话	总编办：0431-81629909　营销部：0431-81629880/81629900
印　　刷	廊坊市广阳区九洲印刷厂
开　　本	787mm×1092mm　1/16
字　　数	212千字
印　　张	13
版　　次	2024年2月第1版
印　　次	2024年2月第1次印刷
书　　号	ISBN 978-7-5731-4634-2
定　　价	78.00元

如发现印装质量问题，影响阅读，请与印刷厂联系调换。电话：0316-2803040

前　言

体育教育作为学校教育体系中不可或缺的一部分，旨在培养学生全面发展的身体素质、团队协作精神及持久的运动兴趣。随着社会的不断发展和科技的飞速进步，高校体育教学方法与实践也需要与时俱进，不断创新，以更好地满足学生多样化的需求，培养更具综合素质的人才。

本书旨在探讨高校体育教学方法与实践的创新，通过分享先进的教学理念、实践经验，为广大体育教育工作者提供可借鉴的经验和启示。本书从体育教学理论入手，介绍了高校体育教学理念，接着详细地分析了校园体育文化建设与改革、高校体育教学方法的设计与革新、高校体育教学模式基础理论，以及体育教学模式改革与创新，并重点探讨了现代学校体育教学方法的优化选用、高校体育教学的创新性探索，最后对高校体育人才培养创新策略以及高校体育教学改革实践创新方面进行了探讨。

本书在写作过程中，参考了许多专家和学者关于高校体育教学方面的书籍和资料，在此表示敬意和感谢。由于笔者水平所限，书中难免存在不妥之处，恳请广大读者批评指正。

目　录

第一章　体育教学理论 ··· 1
第一节　体育教学的概念与特点 ······································ 1
第二节　体育教育的本质与功能 ······································ 8
第三节　体育教学的现状与创新 ····································· 12

第二章　高校体育教学理念 ··· 18
第一节　"以人为本"教学理念 ······································ 18
第二节　"健康第一"教学理念 ······································ 23
第三节　"终身体育"教学理念 ······································ 28

第三章　校园体育文化建设与改革 ··································· 34
第一节　校园体育文化建设 ··· 34
第二节　人文素质教育理念下的体育教学改革 ······················· 43
第三节　人文理念在高校体育教学中的融合 ························· 47

第四章　高校体育教学方法的设计与革新 ··························· 51
第一节　体育教学方法概述 ··· 51
第二节　传统体育教学方法及应用 ··································· 55
第三节　符合现代教育理念的体育教学方法 ························· 63
第四节　高校体育教学方法的创新与发展 ···························· 68

第五章　高校体育教学模式基础理论 ································· 75
第一节　体育教学模式基本理论 ····································· 75
第二节　新型体育教学模式的构建 ··································· 88
第三节　体育教学模式的发展走向 ··································· 93

第六章 体育教学模式改革与创新 ………………………………………… 97

第一节 体育教学模式理论与发展 ……………………………………… 97
第二节 体育合作学习教学模式 ………………………………………… 105
第三节 多媒体网络体育教学模式 ……………………………………… 113
第四节 体育翻转课堂教学模式 ………………………………………… 117

第七章 现代学校体育教学方法优化选用 ………………………………… 124

第一节 学校体育教学方法简述 ………………………………………… 124
第二节 学校体育教学的主要方法 ……………………………………… 130
第三节 学校体育教学方法的选择与运用 ……………………………… 139
第四节 学校体育教学方法的最优化组合 ……………………………… 144

第八章 高校体育教学的创新性探索 ……………………………………… 147

第一节 现代体育教育新理念 …………………………………………… 147
第二节 体育教学中新教育技术的应用 ………………………………… 157

第九章 高校体育人才培养创新策略 ……………………………………… 163

第一节 体育人才培养基础理论 ………………………………………… 163
第二节 体育人才培养创新发展策略 …………………………………… 170
第三节 体育人才培养模式的创新实践 ………………………………… 176
第四节 "互联网+"时代体育人才培养策略 …………………………… 184
第五节 体育教学改革的策略分析 ……………………………………… 188
第六节 体育教学的创新实践路径 ……………………………………… 193

参考文献 …………………………………………………………………… 201

第一章 体育教学理论

第一节 体育教学的概念与特点

一、体育教学的概念

(一)体育教学的定义

体育教学是由"体育"和"教学"这两个词语组成的,把教学的概念与体育的理论体系相结合,形成了全新的教学内容与教学方法。在实际的体育教学过程中,体育教学和其他学科一样,具有完整、成熟的体系,需要进行组织活动和管理活动。体育教学与其他学科的教学也有不同点,如体育教学对教学环境有独特要求,对场地和器材也有不同的需求。由此可见,体育教学并不是思路固定、例行公事的教学活动,我们不能把其视为一种休闲娱乐的放松活动,它需要众多因素的共同作用才可以正常、合理、科学地开展。

体育教学的实践过程就是要通过学校教育,让学生在教师的管理指导下,进行理论的学习和了解,运动技术和技能的尝试与掌握,从而提高身体素质、保持身心健康、提高运动水平,形成对自然和社会环境的适应能力,培养良好的思想品德,养成终身锻炼的习惯,塑造自我个性的教育过程。

体育教学的概念目前尚无统一定义,不同学者都有各自的独特看法。龚正伟在《体育教学论》中指出:"体育教学论研究的对象是体育教学。体育教学与其他各科教学一样具有共同性,都是一种有目的、有计划、有组织地对学生传授知识和技能,发展智力和体力,培养品德与形成个性的教育过程。"姚蕾在《体育教学论学程》中指出:"体育教学是一种以体育教材为中介,学生在体育教师的指导下掌握体育知识、技术和技能，养成良好的体育锻炼习惯，促进学生身体、心理和社会适应能力健康发展的教育活动。"人们对新事物的概念界定一般都是在长期实践中的认识和总结，只有把概念弄明确了，人们才可以进行客观准确的思考与判断，才能更好地展开深刻的研究，进而得出更加深刻的结论。

任何事物的概念都应具有简洁、科学的特性，而如果把事物的目的、功能、价值等问题融于概念之中，则会使其不够简洁。基于相关学者的研究和定义，可将体育教学的概念进行归纳总结。体育教学是以体育实践性知识，即运动技术为主要学习内容的教学活动。需要注意的是，这种定义在一定程度上忽视了体育教学理论的学习。在体育教学中，学习技术、技能和战术的同时还要学习理论知识。在体育学习中，理论性知识的学习不仅仅是单纯地通过看教材、上网、看视频或室内理论教学课获得的，而是要把身体技能练习与理论性知识的学习充分结合，或者把体育理论知识的学习穿插于体育课堂教学的动作练习之中。也就是说，在体育教学中，既要重视技术技能的传授，也应该重视传授理论知识。而仅仅依靠阅读教材、论文、期刊、媒体资料或室内理论课等形式来对体育理论知识进行学习，从某种程度上来说是不太可靠的。

当然，在体育教学中，体育室内理论课肯定也是教学体系中不可或缺的一环，但它与一般意义上的理论知识学习仍有一定差异。一是在体育教学中，理论课的比例很小，每学期只有两课时左右；二是作为运动技术学习的补充课程，当学生对技术动作具有了一定经验后，再去学习相关的理论知识，这样能够对已经掌握的实践性知识有更深入的理解。

（二）体育教学的内涵

体育教学活动并不是一成不变的，而是一个动态过程，这一过程中包括了知识和技能的传授。在体育教学的不同阶段，体育教学的概念、角色等也因为多方面的作用和影响而不断发生着变化。经过多年发展，现阶段体育教学的内涵包括以下三方面：

1.体育教学是一门学科

在体育教学体系中有着诸多构成要素，其中主要有教学目标、教学内容、教学方法、教学模式、教学评价等内容。体育教学的目标主要是锻炼学生体能、提高身体素质、加强学生身心健康，它是一门相对特殊的课程，配合德、智、美、劳的发展，来促进学生身心的全面发展。体育教学中主要的教学组织形式是课程教学，体育课程教学是指为了实现教学目标，配合德、智、美全面发展，并以发展学生体能、促进学生身心健康为主的特殊课程教学。通过上述界定，明确了学习体育运动的知识与技能，但对学生的活动与对体育运动的体验，情感的反映与社会适应的关注比较有限。

2. 体育教学是教育的组成部分

体育教学是在体育教师的指导下，从运动科学、生物学、教育学、运动心理学、运动保健学、社会学等学科中吸收知识的精华，在体育与健康方面有规划、有组织、有目标地以身体练习为主要形式的活动，它与德、智、美、劳方面的培养相配合，共同促进了学生身心的全面发展。除了在运动能力上没有比较详尽的要求外，体育运动与体育活动训练方面的教育都能让学生身心的发展得到锻炼和培养，这也是素质教育的主要内容及方法。

3. 体育教学是活动

体育教学主要是有组织、有计划、有目标的进行相关体育活动的组合。相关学者在研究中也提出了类似看法："现代体育教学是为了使学生能在身体、运动认识、运动技能、情感及社会方面和谐发展的有计划、有组织的活动。因此，在教学实践中，学生仅仅掌握课本上的理论是远远不够的，体育教学是在亲身参与学习运动技能的基础上，来进行动作技能的体育活动，要达到一定的标准，才能积累体育感受的体验，通过这种身体的感觉和感受才能学习并掌握技术动作。

二、体育教学的特点

体育教学与其他学科教学有一定的共同点，但也有很多不同点。从体育教学的性质来分析，体育教学与其他学科教学的共性主要体现在以下几个方面。

第一，体育教学是教师与学生的交流及互动。在体育教学过程中，教师与学生的双边活动和其他学科的教学活动一样，具有互动性强的特征，教师与学生存在着双向交流。学生在课上的一举一动是公开的，教师的指导对全体学生都会带来或大或小的影响，教师的"教"与学生的"学"是课堂教学对立而统一的充分体现。

第二，班级授课制是体育教学和其他学科教学共同的上课方式。与其他课程教学一样，体育课的班级组成一般是自然班，但也有打破自然班组合的情况，如在高校体育课的选修课程中，每个教学班的人员组成并不是自然班，有同一个学院、同一个专业各个平行班的学生，也有同一个学院不同专业的学生，甚至有不同学院、不同专业的学生在同一时刻一起上体育课的情况。出现这样的情况是由高校体育教学的特点所决定的，虽然打破了自然班的建制，但实际教学中依然体现出了班级授课的特征。班级授课制的特点是一个学期内体育课堂教学的班级学生相对固定，且班级内学生的年龄、生理基础、技能水平基本处在同等水平线上。

第三，体育教学的主要目的是传授相应的知识和技能，这与整个教育事业的"传道授业"有着同样道理。一方面，相较于其他文化学科，大部分学生喜欢并且愿意上体育课，并且学校对体育课的要求越来越细致、严格，大家都知道参加体育活动对身心发展具有很好的促进作用，特别是对智力开发具有特殊的作用。

因此，体育教学是对"知识与技能"进行传承的独特方式。不同的是，体育教学传承的是体育文化。结合体育教学的性质，并对其他学科教学进行对比分析，可以总结出体育教学的基本特点。下面就来阐述一下体育教学的具体特点。

（一）师生身体活动的频繁性

在体育教学过程中，由于"身体知识"源于人体不断的思考、操作与实践，因此在体育教学中，需要体育教师反复进行相关技术动作的示范、指导与反馈，而学生要做的则是端正态度，集中注意力观看，之后再进行身体动作的尝试与体验。不通过亲身实践与身体练习，是无法习得相关技术与技能的。所以，在体育课的实际教学过程中，教师与学生进行身体动作教学是很常见的事情，但在其他学科的教学中很难看到。其他学科的课程一般情况下都在室内进行，还必须要求安静融洽的课堂氛围，这样才能对激发学生的思维、产生学习效果起到良好作用；但体育教学则恰恰相反，在活动过程中学生既有强烈的身体活动，也有适当的感情与情绪表达，这些都是外显的行为表现，不仅渲染了体育文化，而且直观地体现了体育运动中积极与阳光的一面。

（二）传承运动知识的操作性

与其他学科明显不同的是，体育运动的知识是"身体"的知识，身体知识对学生认知自我具有重大作用，其重要性需要得到足够重视。身体知识是一种回归人类自身感觉的知识。这方面的理论是人类发展过程中的一种特殊知识，是人们对外部自然知识的追求转向对人体内部知识追求的结果，是人类面向自我、面向人体的一种挑战。当今，各级学校都十分重视学生的主体性，关注学生的个性养成，这种追求人类自我知识的教不仅显示出体育教学的特殊性，还体现了体育教学知识传承的特殊目标与根本意义。我们可以满怀信心地认为，在未来，这类知识必将被大部分教育者所接受与认可，并将广泛地应用于人类身心健康的具体研究之中。

（三）学生身心合一的统一性

体育对人自身自然的改造，不仅是外在结构与生理机能的统一，还是身体和心理的统一。体育教学要在传承体育文化的同时改变学生的身体形态，并强化学生的心理与社会适应能力的发展。体育教学与其他学科的智育教学所处的情境是不同的，它营造了一种能够直观感触到的教学环境，这些直观明显的、生动形象的、富含情感的教学情境对学生的心理与社会适应能力的健康发展起到了促进作用。

因此，体育教学中的身心发展是一元的，符合辩证唯物论的哲学观点。身体发展是体育教学的基础，心理发展是依靠身体的发展而发展的，心理的发展同时也促进着身体的发展。体育教学中身心合一的统一性主要体现在以下三个方面。

第一，体育教师在教学中选择教学方法时必须要考虑学生的个人情况，符合学生的身心变化规律，使学生在一定运动负荷的要求下，在身体锻炼与整理休息的过程中实现发展身心的目的。在人体开始运动后，机体的生理机能状态出现变化，各器官进行工作，长期坚持后运动水平就会进一步提升；发展到一定水平时，会维持一段时间；当体内堆积大量代谢物质，如糖原等物质消耗过多后，机体的运动水平就会下降。在体育课程教学中，教师对运动负荷和调整休息有着科学的分配，所以学生的生理机能变化不是直线，而是具有波峰和波谷的曲线。

第二，体育教学的内容在选取上不仅要注重对学生身体各器官与系统、各种运动能力和各种身体素质的正面促进，还要注重对学生心理健康及社会适应能力的培养，要符合心理学、体育美学和社会学等方面的要求。

第三，体育教学要符合学生的年龄特点和心理特点。因为学生尚处于成长发育阶段，在心理上很容易出现变化及波动，思维、情绪、意志等方面的变化会对动作技术和体育技能的学习产生影响。这种生理、心理负荷波浪式的曲线变化规律体现了体育教学具有的独特节奏。

因此，体育教师应根据学生的心理特征对教学进行全面设计和组织，在促进学生身心发展的同时，还可以培养学生对体育的积极性、形成对体育项目的兴趣，让体育教学更有效地发挥自身的功能。

（四）教学内容的审美情感性

体育具有艺术感和美感，而体育教学中体现出的美感首先体现在师生运动过程中的形体美与运动美上。学生通过身体锻炼让自己的身形变得更具有美感，形成身体各部分线条的美、身体比例对称的美，在运动过程中体现出人体结构的美，这些都是体育运动的外在美。其次，体育教学还体现了人类挑战自我的精神之美，也就是内在美。在运动中克服身体和精神的障碍，达到运动学习的目标；运动实践中体现谦虚、谦让、尊重等良好的道德风范，这些也都是美的表达。除了体育运动的外在美和内在美外，体育教学活动还体现了教学内容的审美性。

每一个运动项目都彰显出了不同的审美特征与美学符号，如球类项目，除了表现出人的运动能力和运动天赋外，还需要具备团队合作、相互协调、互帮互助等人际交往的素质；田径项目更多是表现人类的力量与速度，同时显现出永不放弃、奋勇拼搏的豪迈气概；健美操项目展示的是柔韧、灵巧、艺术表现形式、婉约柔和的美等。

人们在长期的发展实践过程中，各个体育方面的知识和技能通过反复积累得到了运用及发展。首先，体育教师通过长期的总结和提炼，将其准确地传授给学生，让学生去感触与体验，从中感受到美，得到美的启迪，陶冶情操，净化心灵，促使身心的和谐发展。其次，教学是一种思维创造的社会活动，师生共同创造和谐课堂的教学情境给人以意境的感悟与精神上的感化，令人感受到体育教学的美好。同时，在体育教学中教师与学生之间还有一种看不见、摸不着的联系，构成了教与学的统一。在教师传授知识的过程中，也伴随着师生之间丰富的情感交流。

（五）教学过程的直观形象性

体育教学过程体现了直观形象性。具体来讲，教师在教学讲解中的声音要洪亮、清晰，还要生动形象、通俗易懂地描述动作技术，把要传授的知识进行艺术加工，把复杂的技术动作诠释得形象、通俗，这样能让学生加深对动作的感知与记忆。同时，体育教师采用特殊的方式进行动作演示，还需要通过直观的动作形象进行示范，具体方式有教师亲自示范、优秀学生示范、学生正误对比示范、教学模具示例、人体模型实例和动作图解等，使学生通过感官形成对动作的基础意识，建立正确的、清晰的运动形象。学生可以通过各种渠道与媒介观看正确的动作示范，同时活跃思维，从而达到掌握体育知识、技术和技能的目的，还能发展自身的观察能力和形象思维能力。另外，体育教学的组织与管理也体现了直观形象性的特征。

在体育教学中，每个学生的动作和形态都是直接显露出来的，教师能看得一清二楚；而反过来，教师在课上的一举一动，所有学生都能一览无余。因此，体育教师对自己的言行也要进行自我约束，因为教师要起到表率和带头作用，对学生的行为具有潜移默化的教育意义；而学生的课堂表现则是直接的、真切的反映，特别是在学生学习动作的过程中，所表现出来的言谈举止都是真实的情感流露，这一信息正是教师所需要注意与收集的，通过观察、反馈及指导，帮助学生不断进步。直观形象性是体育教学的重要原则，只有坚持直观性和形象性才能使学生更好地理解、更快地学习。

（六）客观外界条件的制约性

体育教学还有一个与众不同的特征，那就是体育课的教学效果更容易受到外界各个方面的影响，更容易受到客观实际情况的制约，如学生的体育基础素质、体质水平，学生的性别、年龄、生理和心理特点、外界气候条件、运动场地、器材设备等，这些因素都在不同层面对体育教学的质量有着不同程度的影响。

从体育教学的角度来说，体育教学的实施要体现教育的全面性，不仅要根据学生的运动基础进行区别对待，还必须对学生的年龄、性别、生理和心理特点等进行全面考虑。因为男生和女生在身体形态、运动素质、机能水平运动功能等方面差异巨大，所以教师在教学设计、教学要求、教学组织等方面根据学生的性别不同要有所区分。如果忽略了学生的个体差异，在组织、方法和内容上盲目地选择，不仅达不到增强体质、培养身心的目标，还有可能会增加学生的运动负担，造成运动疲劳的情况。

从体育教学的环境角度来看，体育课大多数情况下都在室外进行，而在室外就会有各种客观影响因素，如天气、气温、气候、噪声等。同时，学生在室外有新奇感，心理上更加不受拘束，这种环境会使学生的注意力不集中。还有一些不可控的因素，如学校的各种活动、节假日等，都会对体育教学产生大大小小的影响。同时，体育教学对场地、器材设备条件的要求也比较独特。因此，在教学计划中，从教材内容选择到教学组织方法实施，从一学期的教学计划到每一课时的具体计划，每一位教师都必须考虑到这些客观实际的影响因素，排除各个因素的干扰，提高体育教学质量与效果，同时还要克服严寒酷暑、风雾雨雪等不利条件，培养学生坚持不懈、战胜自我的精神。

第二节　体育教育的本质与功能

一、体育教育的本质

从根本上讲，体育教育的性质是由体育的本质决定的，体育的本质属性是"增强体质、增进健康"，而身心健康是人全面发展的重要内容，体育在促进人的全面发展中起着非常重要的作用。另外，我们对组成体育教育的教育部分做一个详细的认知。广义的教育泛指一切有目的的影响人的身心发展的社会实践活动。狭义的教育是指专门组织的教育，即学校教育，它不仅包括全日制的学校教育，也包括非全日制的学校教育、函授教育、成人教育等，它是根据一定社会的现实和未来的需求，遵循人们身心发展的规律，有目的、有计划、有组织、系统地引导受教育者获得知识技能，陶冶思想品德，发展智力和体力的一种活动，以便把受教育者培养成为适应一定社会（或一定阶级）的需要并促进社会发展的人。下面主要探讨一下体育教育的本质。

（一）体育教育促进人全面发展的特性

体育教育是全面发展的教育中的一部分。体育教育是以学生身体活动（运动）为根本特征，区别于学校中的德育过程和智育过程，它主要是以身体教育或通过身体教育的角度来实现马克思历史观念中的人的全面发展。

（二）体育教育研究的多维体育观和方法论

随着现代社会的快速发展，人与人之间的竞争越来越激烈。因此，在学校教育中，必须提高体育教育的质量。通过体育教育的方式培养身体强健，意志力顽强，能适应现代社会竞争的，具有综合素质的现代人才。这要求我们必须从多方面，并且用多种方法去研究体育教育，从而提供一定的理论支撑。体育教育的本质应该从生物学、社会学、心理学、人体科学等多维的角度去探究，其本质的理论应该是全面的、系统的、多维的、立体的。现代体育教育的发展已经充分显示出了它的多种功能。随着社会的进步和不断发展，还需要不断更新观念，不断提高研究的方法技能，并从多角度去分析和研究体育教育，这样才能使体育教育不断适应社会发展的需求，并促进体育教育的改革与发展。

二、体育教育的功能

（一）体育教育的本质功能

根据体育教育的本质特征，体育教育的本质功能主要包括健身功能、健心功能和教育功能。

1. 体育教育的健身功能

人从出生到成人，是一个不断生长和发育的过程，而人的生长和发育主要体现在骨骼和肌肉的生长和发育方面。参加体育活动可以促进骨骼和肌肉的生长发育。在青少年时期，通过让青少年接受一定的体育教育，参加一些体育运动，特别是跳跃类、牵拉类的运动可以刺激骨骼中质软骨的增生和分裂，从而促进青少年身高的增长。此外，参加体育运动还可以使人的骨骼变粗、骨密度增厚，并且可以增加骨骼的抗压和抗弯折能力。总之，青少年通过参加体育运动，可以促进骨骼和肌肉的生长发育，从而健康地成长；成年人通过参与体育运动，可以保持骨骼的硬度和韧度，保持肌肉的力量和柔韧，从而健康地生活。

2. 体育教育促进心理健康的功能

这里所说的健心功能主要指的是，参与体育运动可以调节人的心理状态，促使人保持心理健康。现代社会极大地丰富了人们的物质生活，但是精神生活却不能很好地得到满足，快节奏的生活、高压力的竞争使人们在精神上和心理上出现了一定的问题，出现了如抑郁、焦虑、感情淡漠等心理症状，而在青少年群体中，如恋爱受挫、考试升学的压力、大学生就业的压力等都给他们带来了不同的心理问题，而心理健康对人的整体健康具有重要的意义。

参加体育运动能够调节人的心理状态，促进人的心理健康。主要体现在以下方面：参加体育运动可以调节人的不良情绪，振奋精神，缓解抑郁，使人的身心能够保持轻松愉悦的状态。此外，参加体育活动可以增加人与人之间的情感交流，特别是一些集体的运动，可以培养人的团结协作精神，化解人的孤独感和抑郁感。参加体育活动还可以让人获得自信，如在比赛场上的制胜一击、球场上的关键角色的扮演等，都可以让人对自己进行一个重新的认识，在现实生活中的失败或许可以在赛场上获得认可，从而增加自己对生活的信心。总之，参与体育运动是一项非常好的调节人心理的活动，可以促进人的心理健康。

3. 体育教育的教育功能

作为一种教育活动，体育教育对人的教育功能是其本质功能之一，主要体现在以下四个方面。

（1）教会人基本的生活能力。人从生下来以后，就缺乏生存需要的基本能力，如走、跑、跳等，这些都需要后天加以学习和训练，而体育教育是最好的途径。体育教师从小就教我们站立、走路、跑步的正确姿势，为我们日后生活打下了坚实的基础，这是人最初始的需求，从这个角度来讲，体育教育不可或缺。

（2）传递体育知识和文化。体育是人类生产生活中不断形成的文化活动，是一项宝贵的文化遗产，因此必须通过一定的活动来传递这种文化。体育教育就是承担这个职责的最好助手。通过体育教育，人们可以学习体育知识，掌握锻炼身体的办法，并且可以让人认识到体育对人的健康的价值，促进人们形成一定的体育意识，养成体育运动的习惯，从而形成健康的生活方式。通过引导青少年参加体育比赛，观看体育比赛，可以对体育规则和文化有进一步的认识和了解，从而起到传递体育文化的作用。

（3）促进人的社会化。每一个人都不仅是一个自然人，更是一个社会人，具有很强的社会性。人在经历家庭教育、学校教育、社会教育的共同作用后，人的社会属性逐渐成为第一性，逐渐完成个人的社会化。每个人只有完成社会化，才能不断适应社会的需要。如果一个人不能充分地、完善地完成社会化，那么他就可能会对社会产生一定的危害，因此必须努力促进人的社会化。很多学者都提出了通过体育教育、体育运动来促进人的社会化。这是因为，人在参加体育运动或者体育比赛时，都需要遵守项目的规则和要求。而遵守规则放到社会领域便是遵守法律法规、遵守纪律等。体育比赛中强调的公平公正，如果延伸到生活中，就是追求社会的平等和公正。在参与体育比赛的过程中，需要跟不同的人交流，如队友、裁判、观众等，这些都可以帮助人适应社会中的角色，通过参与和体验，不断改正自己的行为。体育教育是一项非常好的促进人社会化的活动。

（4）进行爱国主义的教育。在体育教育活动中，体育比赛等活动可以激发人们的爱国热情，是一项进行爱国主义教育的活动。我们时常能在奥运会、世界杯等世界性大赛的舞台上看到运动员在取得胜利后披着国旗绕场一周的画面，这些都能很好地给观看比赛的青少年传递极大的爱国热情，进行良好的爱国主义教育。国际比赛前的奏国歌仪式总能激发人们的爱国热情，让人们接受爱国主义的洗礼。因此，各种形式的体育活动和比赛是最好的爱国主义教育之一。

（二）体育教育的延伸功能

体育教育除了本质功能以外，还有一些延伸功能，其延伸功能主要包括娱乐功能和经济功能。

1. 娱乐功能

在进行体育教育的过程中，可以感受到体育活动与娱乐的天然联系。体育运动中本身就包含着娱乐的元素。在体育教育过程中为学生安排的体育游戏就含有娱乐的成分。现代的体育教育已经不单单是传统意义上的体育课了。人们在闲暇时间参加一定的体育教育活动，如参加体育培训班接受健身指导等，都可以缓解人紧张的情绪，让人产生快乐的情绪，从而起到娱乐的作用。

2. 经济功能

体育教育的经济功能主要体现在以下几个方面。一是通过让人学会体育技能，参加体育运动，来促进人的身心健康，从而可以为国家和社会健康工作，就像那句口号"每天锻炼1小时，健康工作50年"。一个人只有拥有健康的体魄，才能为社会创造价值，创造经济效益和社会效益。这是体育教育经济功能的间接体现。二是现代社会已经拥有了很多的体育教育培训机构，是通过培养青少年的体育技能来产生经济效益，这是体育教育的经济功能之一。三是通过体育教育可以培养一批竞技运动员，而优秀的竞技运动员可以成为体育明星。体育明星也可带动体育教育产生经济效果。

第三节　体育教学的现状与创新

一、体育教学现状

近年来，学校体育教育已经成了体育教育领域中重点关注的问题，许多专家学者都将研究的目光锁定到这个领域，而高校体育教育更是成为其中的关键。一时间，许多关于改革高校体育教育的理念和方案被提出来。然而在经过更加深入的论证和实践的尝试后发现，其中许多方案的实施都存在问题，不能如预期那样给体育教育带来效益上的明显改变。为此，要想提出最恰当和符合我国教育情况的方案就应该先从最基本的高校体育教育现状开始分析。通过对大量相关文献的研究，目前国内外的教育形式可归纳为以下几种类型：

（1）传统守旧的体育教育；

（2）基于学生体育的体育教育；

（3）基于竞技体育的体育教育；

(4)快乐体育教育；

(5)基于个性特征的体育教育；

(6)基于传统项目的体育教育；

(7)基于发展能力的体育教育；

(8)注重体能的体育教育；

(9)基于终身教育的俱乐部体育教学。

目前来看，我国大多数高校体育教学形式仍旧更多采用传统的体育教学模式。这种模式把走、跑、跳、投等基础运动作为主要教学内容，为了确保教学模式的统一性，追求教学程序循环渐进的结果，会侧重于某一层面，而不能照顾到更加全面的需求。

目前，随着中国高校体育教育重要性的日益增加，教学目标和教学需求也随之增加。在对教育进行改革的同时，还要把素质教育作为教育改革和发展的主题，并与科学技术、经济、文化、社会相结合。因此，高校体育不再是提高学生体质的一种简单方法，而是一种全面的素质教育方式，使大学体育充分发挥个人才智，促进个体发展。基于这样的环境背景，高校体育教育应该具备的功能如下：

(1)增设"野外生存体验""攀岩登山"等新课程，在课程开展过程中，要适度地增加难度和阻碍，使学生在消除阻碍的过程中，发散思维，借助团体的力量，共同面对困难并想办法解决，提升他们的适应能力，培养吃苦耐劳的精神，强化团队意识。

(2)课程的设置要以学生的兴趣、喜好为基础，还可以添加一些时代元素，要吸引他们参与其中，在体验的过程中感受快乐，要让他们有成就感，培养他们自信、自强、乐观的心态。

(3)提升他们的沟通交流能力、组织能力等，促进身心的健康发展。

二、高校体育教育现状中的问题

高校体育是国民体育的基础之一，是全面发展教育不可或缺的组成部分，它对培养有理想、有道德、有文化、有纪律的社会主义建设人才，增强人民体质，建设社会主义精神文明有着直接或间接的效能。

随着改革的不断深化，高校体育较之以往有了比较大的发展，但同时，必须看到在我国市场经济发展的新的历史时期，社会发展对培养人才提出了更高的要求。在学校教育的内涵和外沿的不断扩大和丰富，在大众体育的逐步普及和竞技体育飞速发展的社会背景下，作为高等学校教育工作的重要组成部分和培养学生全面发展的主渠道，从某种角度上看，它的现状已不能满足现如今社会发展的需求。了解高校体育的现实情况对高校体育以后的发展具有重要意义。

现实中的高校体育会面对一些影响高校体育良性运行方面的困境，如来自体育理论和实践矛盾等方面，具体来说有以下几方面。

（一）大学体育功能的弱化

当前我国高等学校体育课主要有三种形式：一是普通体育课。主要进行全面身体锻炼，这类课大多在大学一年级开设。二是专项体育课。为满足学生不同的爱好和个性发展，进一步提高某项体育运动技术、技能，使之在全面发展的基础上有所特长，有利于开展终身体育。这类课一般在大学二年级开设。三是保健体育课，这是为体弱或患有某种慢性疾病的学生开设的，带有医疗性质的体育课。目的是通过适当的体育活动，来改善学生的健康状况，使其早日恢复健康。体育课的内容和方法皆视学生的具体情况而定。

从大学体育实施的情况来看，大学体育功能并没有得到完全发挥，甚至还有弱化的现象。其中，从大学生体质的健康状况来看，体育总局发布的 2010 年全国学生体质和健康调研结果表明，大学生身体素质继续呈缓慢下降的趋势。增强大学生体质健康是大学体育基本而又重要的任务，但是大学体育实施效果并不理想。

到 2020 年，我国已经进行了 6 次全国范围内的学生体质健康测试，结果显示现代疾病和青年人缺乏体育锻炼有关。我国中小学生及大学生的体质健康水平表现出明显的不协调，具体表现为形态发育水平提高，体能素质差；高身材、低素质等特点。另外，我国学生近视率上升幅度明显，肺活量、爆发力、速度、耐力等素质水平呈持续下降趋势。

（二）体育课程实际地位低下

多年来，因为受传统体育教学思想的影响，很多人错误地认为体育教学就是要学习运动技能，通过跑跑跳跳、锻炼身体来增强学生体质，从而严重忽视了体育理论知识的学习和教学。

国家在体育教学方面安排了小学—初中—高中—大学 10 多年的体育课课时，并制定了《学校体育工作条例》系列规定。中国高等学校普通体育课教学大纲和中小学相比，主要有以下特征：①教材内容按运动项目分类，强调"田径是各项运动的基础"，把田径作为重点教材。女生规定学习篮球和排球，男生在篮球、排球和足球中必须选择两项。②规定了男女分班上课，对病弱学生开设保健课或医疗体育课。③没有具体划分年级要求，各校自行编订教学进度。中国高等学校普通体育教学大纲规定体育课是一门基础课，并列为考试和考查科目。根据学生的运动成绩、学习态度和掌握体育知识、技能的情况，来评定学生体育课的成绩。许多高校成立了学校的体育管理机构以及体育教师在职前和任职后的培训机构，并组织大量的教职研究者制定各种各样发展条件的标准，完善了体育课程教学制度。但很多学生在毕业时就和体育告别，10 多年的体育教学并没有使终身体育概念深入人心，也没有培养出体育锻炼的技能和良好习惯。

（三）高校体育教材和教学内容陈旧

我国高校体育教材大多针对传授体育竞技技能编写，教学内容千篇一律，没有体现出当今社会发展对体育教学培养真正需求的内容，和时代不相符，实用性比较差。体育课的内容、教学配置形式和考核方式的设计，以及课外体育活动内容安排和实施办法，当前有相当一部分院校基本上还是在使用五六十年代的运作模式，在培养目标上力求统一性，教学内容安排上强调系统性，考核标准注重竞技性，教学形式体现规范性，学生练习要求纪律性，所以这样的模式显得呆板、机械，以致使高校体育的主体——学生的体育意识和能力在客观上造成障碍，使教师的主导作用和潜力难以发挥。

体育教材的编排多数以运动项目的单项教学和训练为主，不仅背离了现代体育教学的培养目标，还在一定程度上忽视了多数学生的参与需求。很久以来，我国高校体育一直沿用竞技运动教材体系，采用培养运动员的教学训练模式来给大学生上体育课，因为过分注重技术动作的规范，完成动作的质量标准有些高，被很大一部分同学视为"负担"，从而使他们对体育运动失去兴趣，这是和高校体育教学的目标相"背离"的。无论运动训练还是体育教学，如果采用同一种运动技能教学模式，实施一个教学质量标准，就会忽视不同教学对象对体育运动需求的个性，普通学校体育教学中不分情况照搬竞技运动教学模式，一定会导致偏离教学基本目标。此外，体育教材的编排多数以运动项目的单项教学和训练为主，背离了现代体育教学的培养目标，在一定程度上忽略了大部分学生的参与需求。最后，教材的编写没有充分考虑到学生特点、个性和兴趣的培养，不利于学生依据教材知识形成一套适合自己的锻炼方法和锻炼习惯。

三、高校体育教学创新

创新是体育教学改革最强烈的呼唤，学校体育不仅有培养和发展人的创新意识、创新精神、创新能力的任务，而且学校体育的发展要靠改革和创新来实现。当创新方法真正落实到教学实践中，一个很重要的问题是对过去的教学模式、教学内容、教学方法进行积极的反思，提高了教师对教学过程的反思意识。

教学创新从本质上看，应是教师的一种能力，是一种在传统教学方案基础之上的提升，是在对传统教学过程不断质疑的过程中，教师对教学过程的一种逆向思维和发散思维。因此，高等学校要实现体育教学创新的目标，必须明确创新的指导思想，创新应具备以下基本条件：

1. 提高体育教师的教学研究能力是实现教学创新的路径基础

体育教师要积极投身于教学实践与改革中，改变自己的职业形象，改变体育教师的职业形象，这要靠体育教师自己的努力，积极增强科研意识、参与学校的教学改革，不断进行反思，设计和运用切合实际的教学方法，才能使教学处于一种创新状态。体育教师从教学实践出发，可以拥有更多的研究、创新机会，充分利用实践机会，大胆改革，创新教学模式和教学方法，才能获得体育本身的生命力和尊严。

对于教学创新来讲，意味着体育教师要确信自己有能力构建新的知识结构，积极改革自己的教学实践。因为学校教学改革和创新的关键在于教师，改革和创新的任务最终还是要落实到教师身上。改变体育教师的职业形象，就必须花大力气提高体育教师的教学研究能力。以改革创新为契机，来促进教师大量涉猎和收集教育教学的信息，提高理论素养，增强情报意识，使教师较快地接受先进的教育思想、理论和观念，进一步拓宽知识面。

2. 提高体育教师的教学效能感是实现教学创新的动力源泉

教师的教学效能感是影响教师素质提高的一个重要因素。也就是说，一个满足现状、教学效能感不强的教师，是很难在教学中有所创新的。

从现阶段高校体育教学面临的困境来看，如何满足当前学生对体育的需要，如何实现教和学的完美统一，除了受学校教学模式、目标、课程、教法和教学环境、教学条件等诸多因素的影响外，还受教师主观因素的影响，教师的教学效能感便是其中之一。教师的教学效能感是教师教育信念的重要组成部分，自我效能教师的教学效能感更多地表现在教师的师德和人格方面，要推动教学改革和创新的不断深入，加强教师师德的培养，将是未来教师竞争的焦点。

3. 拓宽教师继续教育的渠道、提高教师的教学能力是创新教学的基础

高校体育教师继续教育的必要性和必然性已经成了共识，在加强对教师继续教育的措施上，要采用灵活多样的方法，应重视对教师所学课程的正确引导，立足本职工作，把教学实践与所学课程结合起来，引导工作和学习相互促进。重视学科理论、理论素质的培养，还要重视教师教学艺术和技术的训练。只有这样，才能把教师的学习和工作有机地结合起来，促进教师教学能力的提高。教学创新需要教师专门的教学能力，教学能力是教师最基本的能力，是教师能力的综合表现，能力是知识内化的结果，知识是能力的基础。拓宽教师继续教育的渠道为进一步提高教师的教学能力和教学质量，积极进行教学创新打下了坚实的基础。

第二章 高校体育教学理念

第一节 "以人为本"教学理念

一、"以人为本"教学理念概述

(一)"以人为本"的理论基础

"以人为本"教学理念的提出是在现代人本主义教育思想的基础上发展起来的。人本主义教育思想的产生，源于对现代科学发展中人对科学产品的使用和在智能化时代发展过程中人的价值丧失的思考。

进入20世纪后，随着科学技术的快速发展，科学主义成为当代教育发展的主流。20世纪50年代的教育改革中，各种教学思想、教学观点层出不穷。其中，认知心理学和行为主义者对人性的认识分析带来困惑，教育工具化，接受教育、获取知识的兴趣的快乐体验无法得到重视，教育单纯成为人们获得更高技能与认可的一个途径。

也正是在科学技术不断发展的影响下，人类社会的生产生活方式和模式发生了很大的变化，科学改变生活，对人们的启发很大，人们依赖科技，也会越来越受制于科技，因此在教育层面，人们也越来越强调"人本主义"，旨在将人从"器物"中解放出来。现代人本主义强调，应将人类从依赖科技中解放出来，恢复人在世界中的本体地位，而非依附于科技发展。

从社会发展中人的主体地位的体现到教育领域中对作为学习者、施教者的教学活动参与主体的"人"的重视，"以人为本"思想在包括教育在内的各个领域得到重视。

教育教学中的"以人为本"教学理念旨在将教学活动参与者从传统教学中的非人性化的状态中解脱出来,恢复人的教学主体地位,强调了"人"的重要性。在教学中,真正关注教师、学生的自我的健康、可持续发展。

"人本主义"理论具有以下几个基本观点:①学习者是学习的主体,应受到尊重。②学习是丰富人性的过程,根本目的是人的"自我实现"。强调教育应促进教学参与者(尤其是学生)人格的完整,促进人的认知与情感的丰富、提高。③人际关系是最有效的学习条件。④"意义学习"是最有效的学习。

(二)"以人为本"的教学观点

"以人为本"肯定了人在教育中的重要作用,在教育教学实践的广泛应用过程中,体育教育工作者和许多学者逐渐总结概括出了以下几个观点:

1. 教育的目的是促进师生自我实现

首先,在体育教学中,学生的自我实现是要促进学生的身体、心理、智能、社会性等全方面的自我发展,让每一个学生都能通过体育教学有所进步。体育具有多元教育价值,通过体育教学能促进学生的各种素质的综合发展。在"以人为本"的基础性理论人本理论的支持下,体育教育强调了在体育教学中不仅要重视健康知识和运动技能的学习,还要通过科学的体育教学环境创设和教学过程安排来促进学生的心理、情感、智慧、社会性发展,使学生的情感和智力有机结合。教育学家卡尔·罗杰斯认为,体育教育的一个重要教学任务就是在体育教学中促进学生的认知与情感的共同进步与发展,通过体育教学,发掘和发挥每一个学生的学习潜能,培养学生在各个方面的创造性,最终所培养出来的学生应具有创新、创造意识与能力,这样的人才才是社会真正所需要的人才。

其次,在体育教学中,教师的自我实现最基本的就是能创造性地完成体育教学任务,在教学中实现作为教师的这一角色的价值,通过体育教学培养出适合社会发展的合格人才,促进学生的发展与进步。同时,在体育教学中,通过对体育教学的科学设计与各种丰富多彩的体育教学活动的开展和教学媒体媒介的应用来提高自己的教学能力、组织能力、社交能力、科研能力、创造力等,促进自我综合教学能力和体育素养的不断提高,实现自我职业生涯的不断发展,并能在日常工作和生活中身体力行地从事体育健身锻炼,不断提高自身的身体健康水平，并能对学生和周围的人形成一种潜移默化的影响。

2.课程安排应尊重学生的自由发展

在人本教育理念产生之前，传统的教育侧重社会价值和工具价值，人本位的思想和观念使得人们认识到了传统工具化教育是对其本质属性的违背，必须认识到，人是教育的出发点，人本教育将教育的重点落实到人身上，关注人的健康成长。

体育教学所面对的教学对象是人，每一个人都与其他人存在个体差异，教育不是为了"批量生产人才"，而是旨在促进每一个人健康全面发展的基础上的个性化发展，因此，体育教学应在统一要求的基础上做到因材施教，教师必须要尽可能地实现多种多样、侧重点不同的教学课程设计，使每一个学生都能在体育教学中有所进步与成长，通过科学体育教学活动组织与引导学生正确、充分参与培养个性化的人才。

3.教学方法的选用应重视学生的情感体验

人本主义教学理论强调"以人为本"，主张教学以学生为中心，实现个性化发展，而学生的这种发展都是从学习经验中体悟和实现的，因此，这就要求体育教学中应重视科学化体育教学方法的选择，激发学生的体育学习兴趣，为学生创造良好的学习体验。

在"弘扬人的个性，强调以人为中心，尊重人的情感体验"的现代体育教学中，体育教师应全面了解学生、充分尊重学生、真正理解和信任学生。在此基础上，教师与学生之间的"高高在上""师命不可违"的关系才能彻底改变，才有助于教师与学生构建和谐的师生关系。而良好的师生关系的建立对于体育教学活动的顺利开展具有非常重要的意义。可以说，学生对体育学习的态度、个人爱好、获得学分是重要动机，来自教师的个人魅力因素也具有重要影响。此外，师生和谐关系的建立也有助于教学活动中师生能够更好地配合，从而提高体育教学质量。

二、"以人为本"教学理念的高校体育教学指导

（一）重新定位体育教育价值

传统体育教学在对"育人"的认识上存在不少误区。长期以来，人们总是在理解体育科学化的基础上，采用生物学的观点来对学校体育的价值做出判断，并且过多地关注学校体育"增强体质"的功能。此外，在对体育运动的本质理解上，一些教师存在一定的偏差。以足球运动教学为例，我国体育教材普遍将体育运动确定为"是以脚支配球为主，两个队在同一场地内进行攻守的体育运动项目"。针对此概念，有教师认为，"球"是活动争夺的目标，自然应该处于主体地位，因此也就忽视了"球"要受制于人，"人"才是整个体育活动中的活动主体。

在全球化的发展背景下，各种思想文化处在不断的发展和融合之中，教育思想也呈现出这一发展趋势，人本理论和"以人为本"教育理念的提出体现了当代社会对人的发展的重视。在体育教育教学领域，当前的学校体育更加强调人性的回归，学校体育的根本出发点和落脚点应是"育人"。

现代高校体育教学中，"以人为本"教学理念是符合当前时代的发展要求的。当前社会，人的发展在社会的各个领域都受到了重视，即使是在智能时代，很多机器生产代替了人工生产，但是发明机器、操控机器的还是人，人在人类社会的发展中是起着关键作用的，任何时候都不能忽视人的作用。

人本主义教学理念与思想指导下的体育教学，就是要求教育者在体育教学活动开展过程中关注作为教学对象的学生这一因素。教师的教学活动开展需要学生的参与、配合，如果没有学生的参与，则教学活动就没有开展的意义了。

必须提出的是，教师也是教学活动中非常重要的参与一方，也是应该受到关注的人这一要素。体育教师在教学活动中所发挥的作用也不容忽视。

现阶段，我国的体育教学思想呈现出多元化的发展趋势，诸多教学思想都围绕"人"的教育展开论述，讨论了体育教学中如何更好地促进和实现"人"的发展。

(二)体育教学目标的重构

在我国,传统的学校体育教学目标为增强学生体质、掌握"三基"和德育,体育教学过于功利化,过于追求竞技成绩和金牌数量。这些都严重忽视了学生的健康发展,不利于学生的健康可持续发展,也不利于整个教学的可持续发展。

随着体育教学的不断发展,新的科学化的教学理论、教学理念给了体育教育工作者更多的教育启发与指导,体育教学的育人作用被不断丰富和发展,多元化的学校体育价值体系对体育教学目标重构提出了要求。

新时期,"以人为本"教育理念在学校不同学科的教学中广泛应用并渗透,也有越来越多的学者认识到传统的体育教育体制不再适合当前的体育教育教学,不能单纯地追求学生的外在技能水平,而应该重视学生的全面、健康、可持续发展。新时期的体育教学的重点转移到"以人为主"上,在体育教学中,教师必须认识到,人是运动的参与者,是运动的主体,体育运动的教学和训练也必须以促进人的全面发展为根本目标。

(三)学生教学主体观的建立

现阶段,"以人为本"教学理念成为我国体育教学的重要教学理念,我国的体育教学实践活动开展过程中,越来越多的教师开始关注学生,从学生的特点、条件、基础和学习需要出发来选择教学内容、选择教学方法、选择教学组织形式与教学模式。高校体育更多以选修课形式设置,教师也正是通过个人教学能力和对学生的"因材施教"和关心关爱学生、研究学生获得学生喜欢,以此来促进更多的学生来选修自己的体育课程。

总之,学生是教学的主体,没有学生,教学也就不复存在。

(四)体育课程内容的优选

传统体育教学对学生的全面健康发展关注不够,体育教学课程内容主要是竞技体育运动技能,体育教学课通常被体能训练课、技能训练课代替,新时期的"以人为本"教学理念重视学生的全面、健康、个性化发展,在体育教学内容选择上,也更加科学。

在"以人为本"教学理念的指导下,我国的体育教学有了很大的进步与发展,为了进一步促进我国的体育教学改革,教育部门先后修订各级学校体育教学大纲，强调在体育教学中要不断丰富体育教学内容，通过多样化教学内容促进学生的身心健康与全面发展。高校体育教学中，教学活动开展也建立在落实"健康第一"的教学理念的基础上进行，通过丰富的体育教学内容来吸引学生参与体育锻炼，通过体育教学促进学生身心健康发展，而非传统体育教学中只关注竞技能力提高，有时为达到"竞技力提高的目的"甚至安排不合理教学内容，超负荷地揠苗助长，可能对学生身心健康造成损害，这种行为是"健康第一"教学理念坚决禁止的。

此外，在丰富高校体育教学内容的同时，"以人为本"教学理念还强调体育教学内容与不同大学生的发展需求相适应，在体育教学内容优选中应注意以下几点要求：

第一，突出体育教学内容的趣味性，在课程改革过程中，激发学生的学习兴趣。

第二，强调体育教学内容的健身性，过度强调竞技技术提高的体育教学内容予以摒弃或改编，使之能更好地为促进高校大学生的身体健康服务。

第三，重视体育教学内容的适用性，体育教学内容的教学实施应有利于学生的当前身体健康发展，并能为高校大学生的终身体育意识和体育能力的培养奠定基础。

第四，关注体育教学内容的创新性，高校体育教学内容还应适应现代化社会发展潮流，应具有启发性、创新性，促进高校大学生的创新意识和能力培养。

第二节 "健康第一"教学理念

一、"健康第一"教学理念概述

（一）"健康第一"的理论依据

从世界范围来看，"健康第一"教学理念的提出是符合世界教育发展趋势和社会对人才的发展要求的。

1. 世界范围内对人类健康发展的重视

在人类社会的发展历程中,健康始终是一个备受关注的课题。人类健康是推动人类社会发展的一个必要条件。

随着国际大众健康交流的日益增多,各国和地区都非常重视本国和地区的大众健康发展,整个社会已对体育的功能、价值等方面形成了全新的认识。在教育领域,重视学生的健康发展,成为各个国家和地区重视本国体育事业和教育事业发展的一个重中之重,体育健康教育对增强青少年体质健康水平和通过青少年群体影响周围群众健康、实现青少年进入社会成为社会体育人口间接增进社会大众健康具有重要而深远的影响。

2. 社会发展对人才健康发展的客观要求

随着科学技术的不断进步、经济发展迅速、社会生活节奏日益加快,人类的体力劳动越来越少了,长时间伏案工作所造成的"运动不足""肌肉饥饿"严重影响了人们的身体健康。

在当前和未来社会的发展过程中,健康问题始终是影响个人和社会发展的一个首要问题,社会的快速发展与激烈竞争要求现代人才不仅要有正确健康的思想,具备扎实的科学知识和能力,还必须具备强健的体魄。"身体健康是其他一切健康的基础""身体是革命的本钱",身体健康是个体生活、学习、工作的基础,如果没有一个健康的身体,则很难在社会劳动力竞争中占据优势,社会竞争对劳动力的基本要求就是首先拥有一个健康的体魄。

教育的最终目的是促进个人的健康发展、培养符合社会发展的合格人才,对学生群体的身体健康教育是体育健康教育的重中之重。

(二)"健康第一"的教育特点

"健康第一"教育理念内涵丰富,其在体育教学实践中表现出以下特点:

1. 强调身体健康是健康的基础

"健康第一",其中所提到的"健康"是全面的健康,是包括身体健康、心理健康、社会健康等在内的多维健康,健康的基础是身体健康。健康的体魄是人类发展的基本标志。教育应首先关注健康教育。

2. 强调多元健康发展的素质教育

"健康第一"作为一个现阶段重要的先进教育理念的提出,强调体育教育应重视学生的健康发展,指出学校教育教学的首要目标是促进学生的健康成长,学生的身心健康比"卷面分数"更为重要。

3. 强调健康教育的全面性

（1）学生身体健康教育

在"健康第一"指导思想的指导下,高校体育教学应时刻关注学生各方面健康的综合发展,通过体育教学,关注和促进学生的身体健康发展,也促进学生的心理和社会性的发展,为学生奠定良好的身体基础、心理基础,并能在走出校园走进社会之后有良好的身心健康状态和水平应对生活、工作、再教育中的各种挑战。

（2）学生心理健康教育

现代社会竞争日益加剧,各种社会竞争要求社会生活中的每一个成员都应具备良好的心理素质,如此才能正确地看待、应对学习、生活、升学、就业、恋爱、婚姻等过程中的各种问题。当前,就我国高校大学生群体而言,许多大学生都深受学业、就业、生活中各种问题的困扰,存在不同程度的心理问题。因此,教育关注学生心理健康非常必要。体育具有促进运动者健康心理形成和发展的重要作用,现代大学生压力大,也容易受不良因素影响,高校体育教育应关注大学生的心理健康发展,通过体育教学活动开展,促进大学生心理健康发展。

（3）学生社会性发展教育

体育是一种独特的教育形式,学校体育教育可促进学生的社会性良好发展,应在教学中有意识地培养学生的人际关系建立、竞争与合作能力。

因此,在高校体育教学活动开展中,深入挖掘体育的教育价值,在体育教学实践中充分贯彻"健康第一"的教育理念,切实促进学生身心健康、全面发展。

二、"健康第一"教学理念的高校体育教学指导

（一）树立体育教育新观念

"健康第一"教学理念对我国的体育教育最重要的影响就是教育重点和方向的转变，新时期，贯彻"健康第一"教学理念，就必须转变体育教育观念，改变竞技化体育教育，关注学生身心健康发展。应该把教育的重心从单纯地追求学生的外在技能水平向追求学生的全面协调发展转移。

新时期，不断深化高校体育教育教学改革，必须落实健康教育，每一个高校、每一个高校体育教育工作者，都应该形成正确的体育价值观、培养良好的意志品质，不断完善性格特征。总之，现代科学化的体育教育应该将体育教育工作理念从以往单纯的"增强体质"为主转移到"健康第一"的新型教育观、发展观。

现阶段，社会发展对人才的要求是全面化的，一名合格的社会人才应该是健康发展的人才，身体健康、心理健康、社会性健康等，缺一不可。

（二）明确体育健康教学目标

在当前的体育教育教学实践中，"育人"是学校体育教学工作的最根本目标，技术教育和体制教育并不能完全作为学校体育实践的重心，"健康第一"的教育理念为促进我国高校体育目标多样性、多层次的建构提出了新的要求。具体如下：

第一，高校体育教育应重视加强学生的体育文化知识教育，提高学生的体育文化素养。

第二，高校体育教育应充分融合健康、卫生、保健、美育等多种教育内容，通过内容全面的体育教育来培养学生健康的体育意识、健康的娱乐休闲习惯，远离可能影响个人身体健康的一切不健康因素和事件的影响。

第三，高校的体育教育工作的开展应紧密结合学生生长发育与生活实际开展健康教育，使学生学会自我保护，预防疾病发生。

第四，高校体育教育应重视大学生青春期教育和心理健康教育，作为健康教育的重要内容来抓好，为学生在特殊时期的健康成长提供科学指导。

（三）完善体育教学课程体系

深化高校体育教学课程体系改革是促进高校体育教学发展的一个重要和有效途径，要贯彻落实"健康第一"体育教学理念，就必须在体育教学课程体系建设方面做好工作，不断丰富体育教学课程体系内容，以更好地满足当前高校大学生的多元化、个性化的体育健康发展需求。

在"健康第一"教育理念的影响下，我国的高校体育教学课程现状发生了很大的改变，如体育课程内容的增加，教学方法的不断丰富、学校体育课内与课外活动的有机结合，体育选修课越来越考虑大学生的学习爱好与需要，体育课程与内容设置针对不同专业学生凸显了专业特点等。

现阶段，要继续贯穿"健康第一"教学理念，建设更加完善的体育教学课程体系，应持续做好以下工作：

第一，在高校体育教学中，应始终坚持以学生为主体，将学生的身心健康发展放在首位，所有教学活动的开展都应围绕促进学生的健康发展服务。

第二，调整体育教学内容，充分了解学生的特点和需求，对体育教学大纲所规定的教学内容进行科学选择，对与本校实际教学情况和本校学生不适合的教学内容进行调整，使体育教学内容能更好地从理论落实到教学活动实践中。

第三，丰富体育教学内容。通过丰富的体育教学内容吸引高校大学生的体育学习与体育参与兴趣，通过丰富的体育教学内容满足大学生的不同体育学习需求。

第四，重视教学内容的因地制宜，根据本地区气候、资源以及学校自身教学特点来进行特色化的体育教学课程设置，并研究推出更能反映本校学生健康发展的健康检测内容与标准。

第五，重视高校大学生课内体育教育与课外体育活动的有机结合，加强体育课对学生的教育意义和提高学生对体育课的兴趣，并使学生养成科学合理的作息习惯、健身习惯，在课余时间也能科学健身，保持健康的生活方式。

（四）重视体育教学方法优化

良好的体育教学效果的开展受到体育教学方法是否正确的影响，在高校体育教学中，有很多体育教学方法可以供教师进行选择，不同的体育教学方法有不同的特点，同一种体育教学内容的展现可通过多种教学方法来展现给学生，体育教师应该判断出哪一种教学方法是最合适的，这样可以促进教学方法应用的最优化，进而促进体育教学效果的最优化。重视体育教学方法优化，要求体育教师具有良好的体育教学能力，有能科学选择各种教学方法、有效应用各种教学方法的能力。

（五）教学评价体系的完善

在"健康第一"思想的影响下，体育教学的评价应以学生的体质增强、身心健康发展为重要评价指标，完善体育教学评价体系。

"健康第一"教学理念指导下的高校体育教学评价体系的科学化构建与完善，具体要求如下：

第一，对学生的全面评价中，要重视对多方面的教学效果进行量化分析，并且将定性评价和定量评价相结合，提高教学评价的科学性，促进学生更好地认识自身的不足以及获得学习的动力。

第二，对学生的全面评价中，要做到评价内容的全面、评价指标的全面、评价方法的全面，还要尽量做到邀请不同的评价主体进行评价。

第三，体育教学不仅注重对学生进行全面的评价，还注重对教师教学方面的评价。

第三节 "终身体育"教学理念

一、"终身体育"教学理念概述

（一）"终身体育"的基本内涵

"终身体育"教育思想的形成是人类自身和社会发展的必然。终身体育包括两个方面的内容：第一，终身教育贯彻人的一生，从出生开始一直延续到生命的结束，在人的一生中，都应养成参加体育锻炼的习惯，体育是日常生活的重要组成部分；第二，终身体育是科学的体育教育，在人的一生中的不同阶段，都有正确的价值观念来指导和引导个体参加体育活动，并通过体育活动的参加实现身体的健康发展，终身受益。

具体可以从以下几方面来理解终身体育：①时间方面，贯穿于人的一生；②内容方面，项目丰富多样，选择性强；③人员方面，面向社会全体公民；④教育方面，旨在提高全民体质健康水平。

学校"终身体育"教学思想的树立和形成能有效促进我国体育教学的发展，是所有运动项目的体育教学都应该树立的一个正确教学思想和观念。

要切实推动终身体育教育理念在高校的贯彻落实，教师在推动"终身体育"教育思想落实方面具有非常重要的责任与作用。调查发现，在学生对体育运动的参与方面，有很多学生受到教师的影响，特别是教师业务水平的影响，教师应在教学中和课堂外都提倡学生积极参与体育锻炼。

在体育课堂教学中，教师应关注学生终身体育意识和能力的培养，不能只关注和过于重视技术、技能教学。

在体育课堂外，教师可以组织学生开展各种体育活动、体育游戏，对高校大学生体育俱乐部活动的开展，教师应鼓励，并给出指导性意见和建议。

（二）"终身体育"的思想特征

1. 体育锻炼时间的终身性

"终身体育"是一种先进的教育理念，其最为重要的一点就是它可以令个体一生受益。

从教育功能作用于个体的影响来看，"终身体育"突破了传统的学校体育目标过分强调学习和掌握运动技能的观念，打破了传统的体育教学把人接受体育教育的时间仅仅局限在在校学习期间，而是将体育教育时间大大延长，囊括了人的一生。

"终身体育"教育理念强调体育教学应符合学生生长发育、心理健康发育的客观规律，以及健身的长久性，注重培养学生对体育的爱好、兴趣，养成锻炼的习惯和能力，强调体育参与的终身参与、终身受益。

2. 体育锻炼群体的全民性

"终身体育"的体育对象指接受终身体育的所有人，每一个社会成员都应该积极参与，"终身体育"是面向全体社会成员的，从学生在学校体育教学中逐渐培养起体育锻炼意识到走出校门走进社会之后能持续参与体育锻炼，为以后的整个人生参与体育锻炼奠定良好的基础。因此，终身体育教育的主体并不局限于在校学生，而是面向所有民众，应做到全民积极、主动参与。

从一种体育发展理念演变为一种体育教育理念，"终身体育"教育理念的教育对象是面向整个人类社会成员的，"终身体育"教育不仅仅局限于学生，也包括社会大众。

体育教育是一个需要长期坚持的系统工程，生存、健康是社会和时代发展主流，健康是人们生存生活的重要基础，体育健身与生活是密不可分的。因此，无论个体的年龄、社会身份发生怎样的变化，都应该成为"终身体育"的教育对象。

3. 体育锻炼目的的实效性

"终身体育"是以适应个人发展和社会发展为根本着眼点的。因此，终身体育参与必须要做到因地制宜，因人而异，不同的人应结合自己实际选择具体锻炼内容、方式、方法等，同时应融入日常的生活、学习、工作中。

在现代社会生活中，人们为了提高自己的生活质量，根据自身条件合理选择适合自己的体育方式，做到有的放矢，具有较强的针对性和实效性。

在高校体育教育教学中，体育教学的内容选择、方法运用都应为提高学生的体育知识、体育技能服务，不断提高学生的终身体育意识和终身体育能力，如此，在大学生毕业进入社会后，也能持续参与体育健身锻炼。

（三）"终身体育"与体育教育

1. 终身体育与学校体育的相同点

（1）共同的体育目标——育人

体育具有多元教育价值，无论是终身体育参与还是体育教育的体育活动参与，其最终目标都是为了实现体育运动者的体育、智育、德育、美育等多元教育价值，更好地促进运动参与者的健康全面发展。

健康的身体是其他健康的前提条件，学校体育教学就是要培养学生的终身体育意识与能力，以为其健康的一生更好地实现个人价值和社会价值奠定健康基础。

（2）共同的体育手段——健身

终身体育活动参与和体育教育都是通过体育运动健身参与来实现体育的教育价值的，最终的个体行为也都落实在体育健身活动上面，终身体育强调个体应养成终身参与体育锻炼的习惯，在人生的每一个阶段都积极参与体育健身锻炼。体育教学以学生的身体练习为主要教学手段，通过身体活动促进身心、社会性全面发展。

（3）共同的体育任务——掌握体育知识，提高运动能力

个体的终身体育健康参与，离不开科学体育知识做指导，离不开体育健身锻炼实践活动参与；而同时，体育知识与体育技能的掌握，也是高校体育教学的重要任务，只有掌握这两方面的内容，才能更加科学地去从事体育健身实践活动，才能通过身体力行的体育活动参与实现运动者的身心健康全面发展。

2.终身体育与学校体育的区别

（1）体育参与时限不同

终身体育贯穿人的一生，学校体育只负责学生在校期间的体育教育。

（2）体育教育对象不同

终身体育以全社会所有成员为教育对象，学校体育以在校学生为教育对象。

二、"终身体育"教学理念的高校体育教学指导

（一）转变传统的体育教学思想

"终身体育"教学思想指导下的高校体育教学，应该在体育教学内容、体育教学方法、体育教学评价等各方面都做到以培养和提高学生的体育终身意识和能力为标准，通过与学生日常生活、学习、工作关系更密切、关联程度更大的体育项目教学，培养学生的运动习惯，而不是仅仅关注学生的运动技能掌握情况。

高校体育教育教学过程中，教师应将体育教学达标标准的制订从单纯和过度关注技能指标的思想观念中解放出来，关注学生的体育价值观、体育态度、体育意识、体育行为习惯，如此才能真正有针对性地开展体育教学，才能真正实现终身体育教育。

"终身体育"教学理念是高校体育教学改革的指导思想，也是高校体育教学

发展的落脚点。

（二）重视学生终身体育意识的培养

个体的体育活动参与行为的实现，必须建立在对"终身体育"教育理念有一个正确认识的基础上，"终身体育"意识是高校大学生主动进行体育学习、体育参与的重要内部驱动力和动机。

当前社会，社会节奏快、生活压力大，每一个人都面临着各种各样的生理和心理负担，要获得高质量的生活，就必须确保身心健康发展，体育运动能有效促进运动者的身心保持良好的状态，终身体育对学生的身心素质发展具有重要促进作用。学生走进社会之后，在社会上面临的各种压力并不比学生时代少，甚至要更多，体育健身锻炼是一种身心压力释放、身心健康状态重塑的过程，对运动者保持良好身心状态迎接生活、学习、工作挑战是非常重要的，可以有效提高个人生活质量，提高学习、工作效率。

终身体育活动参与对个人的社会性发展是具有重要的促进作用的，大学生坚持体育健身锻炼，能有效增强身心适应能力，可以在毕业步入社会后更好地适应社会，提高自己抗击压力的能力。

现代高校体育教学实践中，要培养学生的终身体育意识，要求教师应做好以下教育引导工作：

第一，引导学生树立正确的体育价值观。

第二，端正体育学习态度。

第三，将素质、技能、知识、能力等教育内容渗透到终身体育教育中。

第四，通过体育教学丰富学生的体育知识、体育技能，提高终身体育参与能力，为终身体育锻炼奠定基础。

（三）丰富终身体育教学内容的设置

学生的个体差异性决定了学生的体育兴趣爱好不同、所适合从事的体育运动项目不同、所渴望学习的体育运动知识与技能不同，因此，在高校体育教学中，不能只追求学生某一特定的运动技能和运动的熟练程度，而是重视不同学生的不同体育发展需求，尽可能地丰富体育教学内容，使体育教学内容项目、层次多样化。

"终身体育"教学理念指导下的体育教学内容丰富化教学工作要求如下：

第一，延伸与拓展学校体育课堂教育，使学校体育向终身体育延伸。

第二，不同教学内容的课程目标设置应在充分了解与分析学生现状的基础上进行，以体育课程终身体育教学目标为导向组织体育教学。

第三，选用体育课程内容时，应重视对休闲体育项目、时尚体育项目的引进，开展能够激发学生体育兴趣和潜能的体育活动。

（四）关注学生需求与社会需求的统一

"终身体育"旨在为学生提供一种健康的生活态度与生活方式。对任何人来说，身体健康都是个体适应现代社会生活、工作、发展的必要条件。

高校体育教育的终身体育教育理念的贯彻，就是要在培养符合社会发展的合格人才的基础上，促进学生的个性化发展，实现学生的社会价值与个人价值的共同发展。高校终身体育教育对学生需求与社会需求的统一性的实现，应做好以下工作：

第一，重视国家需要、社会需要与学生个体需要的有机结合。

第二，明确学生需要与社会需要的彼此地位。这是正确处理学校体育发展与社会需要适配性的关键问题。

第三，重视体育教育的健身价值与人文价值的实现，重视体育知识、体育技能、体育习惯的共同培养。

第四，围绕学生开展体育教学，充分满足学生的学习和发展需求。

第五，全面提高大学生的体育素养，以符合社会发展对人才的体质、体能、知识、精神、道德要求。

"终身体育"教育有四个支柱，即"学会认知、学会做事、学会生活、学会生存"，但应充分考虑"终身体育"与"以人为本""健康第一"的有机结合。

第三章 校园体育文化建设与改革

第一节 校园体育文化建设

一、校园体育文化的内涵

校园体育文化是在学校接受和学习体育教育的过程中所获得的精神财富和物质财富的集合体。校园体育文化是体育文化下属的一个子系统,以学生为核心、以学校环境为空间,传递体育文化活动的主要内容,彰显校园精神的一种集群文化,涉及了体育意识、体育行为文化以及体育物质文化三方面的内容。

二、校园体育文化的特征

校园体育文化的特征是指校园体育文化与其他文化区别开来的独有特征,主要表现在以下三方面。首先,校园体育文化是隐含的。校园体育文化以间接隐含的方式呈现,无意识地影响学生。大学生在体育文化环境中学习和生活,他们会无意识地接收有关体育文化的信息,受到感染和培育,潜意识地实现了文化的心理积淀,并逐渐转变成自己的行为方式。其次,校园体育文化是独立的。校园体育文化是校园里的人们参与体育活动所形成的文化。它的主体和所存在的环境都是比较特别的,这一主体的知识储备和能力素养都非常高,他们在接受传统文化教育的同时,还借鉴了国外比较优秀的文化,这样一来就慢慢形成了有自身特色的校园体育文化。最后,校园体育文化是多元的。校园体育文化所独具的优势促进了校园文化的多样性、丰富性和多彩性。

三、校园体育文化的表现形式与素质教育

校园体育文化活动一般都是以休闲运动的形式开展，即在假期或休闲时间进行的体育活动。学生的体育活动主要包含有组织的跑早操、进行课外体育活动、校内外体育交流和学生自行组织的活动。这不仅提高了学生自我锻炼的能力，也促进了健身和相关知识的掌握。体育既是素质教育的核心内容，也是最为关键的方面。体育文化的多元性理论和丰富的内涵证明，人类在自身发展过程中与体育密不可分。体育素质教育最核心的任务就是促进终身教育的开展，大学生体育教育的主要目的是使学生在学习敏感期和形成世界观的过程中接受体育理念，传承健身文化，形成终身锻炼的意识。因此，营造校园体育文化的健康氛围，推广终身体育理念，培养高素质人才是当前亟须完成的任务。

四、加强校园体育文化建设

（一）校园体育意识

校园体育文化建设的主要任务是组织积极、健康、向上的校园体育文化活动，抵制低俗文化和不合理的文化进入校园，指引校园文化迈向健康的发展方向，营造和谐、良好的校园体育氛围，强化体育意识、观念和体育精神，促进学生的精神振奋、情绪培养，提高健康意识，提升身体体质。

（二）校园体育文化行为建设

意识文化与行为文化相互交融形成了体育文化。体育文化最根本性的表现就是开展体育锻炼，刺激人体机能和生理机能。通过运动体验所带来的精神乐趣是它的另一个重要功能。实践表明，科学锻炼有助于强身健体和培养情感。

（三）校园体育物质文化建设

人对自然物质的组织、改造和利用形成的文明现象就是校园体育文化中的物质文化。校园体育本身的物质基础是人们思想文化的载体，它是人们运动知识、运动精神和智慧的结晶，是人们意志、情感和价值观特点的展现，属于一种文化现象。学校的运动场馆和相关器材、设施都是校园中一道亮丽的风景，保护和合理利用它们是建设校园体育文化的一部分，也是当代大学生文明行为

的体现。

现阶段，我国的大学校园体育文化需要解决以下问题。

一是场馆不足，利用不尽合理。随着大学的逐年扩招，各个高校招生规模成倍增长，体育场馆建设因种种原因无法跟上学生数量的增长，有的甚至被修建校舍占用，场馆比过去减少。在大学新校区建设过程中，已逐渐显现老校区"人多场地少"，新校区"人少场地多"的不合理局面。

二是适合大学生健身、娱乐的体育项目开发不充分。进入新时期，由于社会环境变化，大学生的体育健身项目、方式等诉求逐渐发生了变化。因而创建与改革适合大学生群体喜闻乐见的体育项目，并以此为载体促进学生终身体育锻炼，是当前大学校园体育文化建设的重要任务。例如，我国一些地区悄然兴起气排球运动热，带动了相关高校的气排球教学，深受学生欢迎。

三是高校体育文化特色不鲜明。高校体育文化建设只有形成特色与品牌，才能持续发展。特色建设应充分考虑当地的地理、气候、人文、历史及风俗等自然、社会环境，如北方的冰雪项目、南方的水上项目、民族体育项目等。场馆、项目、特色成为当前大学校园体育文化建设中不可或缺的三大支柱。

五、我国进行高校校园体育文化建设的价值

所谓的校园体育文化，主要指的是一种特定的文化，限定在学校这一范围内。校园体育文化的存在能够将一种人的社会需求体现出来。建设文化的首要条件就是开放，如果不开放就会导致文化建设停滞不前。新时期的高校校园体育文化已不仅仅停留在传统的肌肉式体育上，封闭的情况已经被冲破。全新的体育教学模式完美地融合了娱乐和实践、教育和运动、体育和文化、操作和欣赏，衍生了一种更为优越的体育文化环境。现代体育文化具有一定的开放性，主要体现在学生不再只是参与校园体育活动，还会投入学校与学校之间的体育交流和竞赛活动中，如篮球运动联合比赛、排球运动联合比赛和足球运动联合比赛等。而竞技体育所蕴含的价值观念同现代社会所蕴含的价值观念能够互相适应。

校园体育文化不仅具备开放性特征，还具有独特的教育价值，能够使学生的主人翁意识和社会责任感在学习过程中得到更好的培养，使自身的竞争意识得到加强；同时，还能在社会环境中更好地适应自己的位置，不断完善自我，

日渐成熟。我们常说的体育不仅是身体方面的问题，还包含了伦理与心理等多个方面的认识与应用、培养与训练。在科技与教育快速发展、知识密集的大时代环境中，如果想要进取、拼搏，在具备强健体魄与良好文化基础知识的同时，还应该具备高尚的道德品质与健全的心理素质。对高校体育教师而言，为了能够培养出更多祖国需要的具有良好心理素质与优良品格的全能型人才，应该同学生的个性特征相结合，对其性格优势充分挖掘。此外，校园体育文化的建设与发展需要建立在人自身素养的建设问题上。人自身的素养，其形成不仅包含了先天因素，还受后天培养的影响。所谓的人的素养，是人的身心发展状况、品格的具体体现。

（一）能够发展学生的智力

所谓的智力，主要指的是一种能力，能够对客观事物进行认识，对运动知识进行掌握，并对具体的问题进行解决。一般主要有想象力、记忆力和观察力等。智力的发育需要大脑的发育成熟，体育运动能够对人的身心健康发展起到一定的促进作用，高校体育教育的理论基础正是源于此。然而，需要注意的是，对高校学生而言，并不是一切运动都能够促进他们的身心发展。高校体育教学的最终目的是使学生对体育运动的作用和意义产生一定的认识，积极开展科学的、合理的体育锻炼活动，进而使学生参与体育运动的主动性与积极性得到培养，促进良好体育锻炼习惯的形成。

高校校园体育文化可以在一定程度上对大脑的发育起到促进作用，同时还能够使学生的身体机能得到改善，为日后高校学生走出校门、融入社会创造良好条件。在体育教学开展的过程中，可以对多种体育教学方法进行应用，如想要对学生观察问题、解决问题的能力进行培养，就可以应用示范法、观察法和比较法；如果想要使学生的想象力与记忆力得到加强，就可以对技术动作展开训练；如果想要对学生的拼搏精神与集体主义精神进行培育，那么就可以采用体育游戏和教学比赛的方式。

体育教学给人们带来的是价值较高的思考与启发，以及受益匪浅的教益。对现代人而言，应该具备的文化素养有很多，如对自我生理极限进行挑战的挑战精神、听从裁判安排和指挥服从命令的思想意识，以及创造力在体育比赛中的应用等。所以说，不管是观察者，还是参赛者，都会获益匪浅。此外，校园体育文化还能够使学生的学习效率得以提高，促进学生智力的全面发展。例如，在参与某一项体育比赛的时候，如果学生具有差不多的实力，那么就需要针对如何取得更好成绩的问题进行考虑，如此一来就能够更好地开发学生的智力。

（二）使学生的体质得到增强

通过参与体育比赛与锻炼，学生的身体素质与心理素质得到了提高。体育运动具有丰富的内容、多样的形式，这些特征无时无刻不在吸引学生对其进行参与。例如，田径运动能够使学生坚韧不拔、自强不息、不畏困难的意志品质得到培养；球类运动能够使学生的灵活思维、集体主义意识与组织纪律性得到培养；武术运动和体操运动能够使学生勇敢、沉着、机智，培养意志力与自我控制能力；还能够培养学生吃苦耐劳的精神、社会适应能力。上述的这些活动都能够使学生的身体更加强健、心理素质与体育素养更加良好，并且能够有效改善学生的体质，使其更好地面对社会中繁重的工作。体育文化教育的开展在需要学生用大脑思考的同时，应该动手实践。

（三）使学生的情操得到陶冶

体育教育能够使学生的高尚情操得到培养，促进他们的全面发展，引导他们对真善美等一切美好事物进行追求。诸多实验研究证明，伴随业余时间的逐渐增多，人们开始多元化地选择丰富多彩的活动来充实自己的生活。体育锻炼正好能够满足人们的要求，不仅能够使他们的身心得到愉悦，还能强健体魄。对人们而言，一场水平较高的体育比赛在带给人们视觉享受的同时，还能够给人们带来精神享受。而学生通过比赛活动也会得到愉悦的体验。伴随社会的不断进步与发展，体育运动所具有的自然性也不断增强，人们在选择运动场所的时候，不再仅仅考虑室内，对于户外环境也更多地考虑，特别是景色优美的自然环境。例如，划皮划艇、爬山等运动都是在优美的自然环境中，人们不仅能够欣赏赏心悦目的风景，还能够呼吸清新的自然空气，最重要的是他们的身体也得到了锻炼。

（四）使学生的审美能力得到培养

作为社会文化的重要组成部分，体育文化具有较多的功能，美育是其多种功能中的一种。在高校校园文化活动中，教师会利用多种趣味性较强的方法与形式，对各种各样的竞赛活动进行组织，对技术与队列的练习活动进行安排，使学生能够对生活与劳动中的美感进行挖掘，进一步地培养学生的内在美与外在美。校园体育文化能够使学生对健康的审美具有更加深入的了解，同时能够促进学生良好价值观念体系的形成，能够培养学生正确的审美观念，使学生对美的鉴别能力能够有所提高，可以在生活中发现更多的美，并能进行美的创造。

体育审美观赏能力作为认知能力的一种，具有一定的特殊性，通常会体现在欣赏、感知、评价、理解体育自身存在的艺术美、身体美和精神美上面。对使学生体育能力得到发展的重要任务而言，培养学生的体育审美能力是十分必要的，对于学生心灵的净化、陶冶情操具有一定的促进作用。

同时，能够促进学生更快地融入集体生活，在视觉和欣赏上获得享受与愉悦，使学生增强体育锻炼活动的参与兴趣，能够促进学生形成正确的体育意识与终身体育锻炼习惯。此外，在促进学生优美姿态和体型培养的同时，能够使学生的体质得到全面的发展。然而，如果想要使学生的欣赏能力得到培养，就应该在体育课程的日常教学活动中，着重培养学生观察体育美、发现体育美、表现体育美的能力。例如，在体育课程的课堂教学活动中，将技术动作优美地示范给学生，并对他们及时地进行表扬。组织、安排学生对精彩的体育赛事活动进行欣赏、讨论等，促进学生自信、自爱、自强、自尊的发展。

（五）使学生个体的素质完善得到促进

对一个国家而言，学生不仅是花朵，还是重要的财富，更是一种关键性的动力，能够对国家经济、政治与文化的发展起到推动作用。体育运动能够使学生的自我认识更加准确，体育锻炼活动的开展能够使学生自身的认识与行为得到修正，为社会培养出更多出色的人才。此外，体育锻炼活动还能够培养学生坚持不懈、勇往直前的意志力与吃苦耐劳的精神。只要学生自身各个方面的能力都有所增进，就可以说深化、落实了以人为本的体育思想、观念。

（六）对于终身体育理念的形成与发展能够起到一定的促进作用

体育教育中素质教育的重要内容之一就是终身体育观念，而在学生成长的重要阶段，使他们能够获得良好的体育教学，并且使他们的体育观念能够正确形成就是体育教育的核心任务。对良好的高校校园体育文化氛围进行营造，积极倡导终身体育的重要思想，对于我国的教育事业发展具有十分深远的意义。

在高校体育教学活动开展过程中，体育教师可以对学生体育学习的兴趣进行培养，使他们能够主动地、积极地参与体育运动，最终养成自主参与体育锻炼活动的良好习惯。上述的这些都是终身体育锻炼开展的重要条件。伴随着社会经济的发展，体育在人们生活中承担的任务越来越重要，高校体育教学能够使学生学习体育文化知识，进而促进他们体育锻炼意识与习惯的形成，在使学生体质得到增强的同时，也能够陶冶他们的情操，进而使高校学生的身心得到全面发展。

换句话说，若是高校体育教学不能传授学生体育的相关文化知识与运动能力，那么学生一旦走出校门、迈入社会，就很难产生自主体育锻炼的意识，高校体育教学从某种程度上来讲能够促进我国民族事业的繁荣昌盛，高校体育教学能够构建一种良好的校园体育文化环境，在校园体育文化的熏陶中能够培养学生终身体育锻炼的意识，为日后贡献于祖国的发展事业建立良好的体质基础。

六、我国进行高校体育文化建设的意义

（一）建设校园体育文化是加快实施全民健身计划的需要

1. 落实《全民健身计划》

对祖国而言，它的未来属于青少年与儿童，同时它的未来事业建设更是少不了青少年的领导，因此青少年的体质水平可以代表一个民族的素质水平。在校阶段是学生身体发育的黄金时期，只有长期坚持体育锻炼，他们的生长发育才能够得到促进。校园体育文化构建从实质上来讲，就是一系列的体育锻炼活动，它的主体是全体学生，活动空间以校园为主，同时还需要教师来主导。高校校园体育文化建设能够使学生获得一个强健的体魄，为日后参加工作以后的体育锻炼创造条件，促进学生终身体育意识与良好体育锻炼习惯的形成。

2. 服务于全民健身

学生在校期间，在校园体育文化的影响下，掌握一个体育运动项目或者是多个体育运动项目的运动技能，同时形成正确的世界观、人生观与体育观。在这样的情况下，等到高校学生走出校门、迈入社会的时候，就会正确地传播体

育思想观念、体育运动技术与体育道德等。同时，由于高校体育教学具有相对完善的体育设施，且具有比较浓厚的体育锻炼氛围，上述的这些因素都能够更好地服务于全面健身。

（二）校园体育文化构建是校园体育文化完善的要求

1. 对于高校的管理建设能够起到一定的促进作用

校园体育文化能够营造一种和谐的体育文化氛围。校园体育文化作为一种文化，其场所为校园、主体为学生、内容为课外锻炼且始终坚持校园文化精神。需要注意的是，校园体育文化氛围同学校的校风、学风、精神面貌、发展目标之间存在着非常紧密的关系，究其原因，主要是体育具体展现了公平竞争精神、顽强拼搏精神、开拓进取精神与集体主义精神等，因此成为学校管理的重要手段，这一点是法规与校纪等都不能够取代的。而其所具有的独特性将其不可替代性展现得淋漓尽致。在传统高校管理中主要将体罚作为主要管理手段来制定相关规定。然而，校园体育文化，属于自我约束管理的一种，在日常体育活动或者比赛活动中，所有人都需要遵守公平竞争原则与集体主义精神，并且要在没有其他管理监督的情况下顾全大局，有效地约束自己的行为。

2. 使校园文化的凝聚力得到提高

在传统教学模式的制约下，专业与专业之间、年级与年级之间、教师与教师之间、教师与学生之间不可避免地出现一定的隔阂，导致校园文化作为一个文化群体，始终处于相对独立的状态。然而，如果一种文化是相对分散的、独立的，那么它的凝聚力就很难焕发出来。校园体育活动具有丰富多彩的显著优势，能够增强教师和学生之间的凝聚力，使人际关系得以融洽发展，同时还能够增进彼此之间的了解，使人和人之间的距离得以缩短。

（三）校园体育文化的构建能够促进学生综合能力的提高

校园体育教学相关工作的组织、开展，能够使学生各个方面的素养得到全面培育。

1. 校园体育文化构建

能够促进学生交际能力的提升。一般来讲，校园体育文化活动主要以集体活动为主，如篮球运动、足球运动、排球运动等。体育活动的魅力所在就是能够将不熟悉的人们汇集在一起，将体育活动作为互相沟通的桥梁，并且始终坚持互相友善、谦和、尊重的重要原则，通过心与心之间的交流，使原本陌生的两个人打开心扉，消除一些不必要的怯懦心理，培养学生健谈、开朗的能力，为其日后走向社会建立良好基础。

此外，作为行为语言的一种特殊形式，体育运动中哪怕只有一个很小的动作都能够将运动员的情感直接表达出来。例如，在比赛活动开始之前，两支队伍的队员需要握手问好，这也是友谊开始的代表；在比赛活动进行的过程中，如果对方出现不小心摔倒的情况，应该及时将对方拉起来，这将会延续友谊；一个来自对方的微笑就能够将宽容表达出来；在比赛结束以后，需要双方队员告别拥抱，这是敬仰对方精神或者技术的主要表现。综上所述，体育运动为我们展现了另外一种交际的方式，那就是在比赛的开始直到结束的时候，在不进行任何语言表达的情况下就能够使双方队员的友谊得到升华。

2. 校园体育文化的构建能够促进学生竞争意识的提高

市场经济促进了一种"优胜劣汰"社会竞争形式的出现，现代社会的本质属性就是竞争。竞技体育的开展能够对人们进行鼓励，使他们力争上游，告诉他们只有在竞争的环境下战胜对手，才能在最高的领奖台上享受荣誉。此外，需要注意的是，体育竞赛肯定会存在一定的规则，通过观看、欣赏体育活动与体育赛事，能够使学生了解体育技术、战术和心理的较量只有在公开、公正和公平的重要原则下才能够顺利开展。当学生对比赛活动亲身参与以后，就能够对竞争的残酷性与激烈性深有体会，进而能够提高学生的竞争意识，为日后更好地适应社会竞争创造良好的条件。

3. 校园体育文化的构建能够促进学生开拓创新能力的发展

体育运动从根本上来讲只是一个过程，对"更高、更快、更强"不断进行探索。作为校园体育文化的主体，为了能够使学生的综合素质能力得到提升，可以从体育内容、体育水平、体育技术和体育战术上出发考虑，将学生的潜在能力开发出来，使学生的极限得到不断突破，促进新的飞跃。此外，学生还应该对自身特点进行充分考虑，不断创新内容、技术和战术。从本质上而言，开拓创新就是个性的发展。为了进一步提高自身的运动水平，使高校体育教学活动的健康性与娱乐性得到增强，教师应该安排学生独自去完成健身计划的制订、比赛活动的组织、体育专题讨论的开展等,这样能够无形中锻炼学生的开拓创新能力。

4. 校园体育文化的构建能够促进学生团体协作能力的提高

在高校校园体育中,主要开展的内容是团体运动项目,同单项比赛相比,团体比赛不仅是个人技术的竞技,还强调集体配合,如果团体比赛的参与集体配合良好,就会增加其有效力与观赏性。因此,在对团体比赛进行参与的过程中,学生应该将个人表演的心理剔除,保证顾全大局,互相配合,展现团队战术,使个人的团体协作能力得到提高。

5. 校园体育文化的构建能够促进学生自律能力的增强

高校体育竞赛活动都存在相对应的比赛规则,如果有人违反规则,就只会有一个结果——出局。所以在参加体育竞赛活动的过程中,学生应该对自己的动作行为进行约束,严格遵守比赛规则。长此以往,就能够产生习惯性的自我约束,也就是一种自律能力,能够为学生在社会中对秩序与法规进行遵守创造良好条件。

第二节　人文素质教育理念下的体育教学改革

一、当前普通高校体育教学改革背景

邬大光教授提出,我国高校目前几乎都是多科性和综合性大学,而问题的关键是学校变综合了,人才培养模式、学生知识结构、专业设置、课程设置是否也变综合了呢?而作为公共课的高校体育教学又该形成一种什么样的模式,才能更好地促进其发展,才能更加适应综合性大学发展的节奏?笔者认为从以下几个方面进行改革。

(一)体育教学观念的转变

在高校体育教学改革过程中,体育观实现了由单纯的生物体育观向由生物、心理、社会三因素构成的三维体育观的转变,使人们认识到体育的多元性。同时,人们已经意识到体育教育中融入人文精神教育的重要性。体育观的转变导致了

高等学校体育教学目的和教学任务的转变，教学目的从单一地增强学生体质扩展到以此为基础培养终身体育习惯，教学任务从传授基本的体育知识技能扩展到在此基础上发现、引导和培养学生的体育兴趣，同时通过体育教学改善了学生的心理品质，提高了学生的人文素养，培养了学生的社会适应能力。

（二）体育教学目标的转变

体育教学目标是整个体育教学的出发点和归宿，它对教学内容的选择、教学过程的组织、教学策略的选择和运用等方面起着指导和统率作用。体育教学目标应该能够激发学生达成学习目标的欲望，调动学生的积极性和主动性。传统的体育教学目标更多地强调技术、技能的学习，而新的体育教学目标更多地强调健康第一，提倡人文教育，注重学生的全面发展，主要体现素质教育。

（三）体育教学任务的转变

潘懋元先生认为，教学是一种为实现一定教育目的而组织起来的有计划的教育活动。它的基本任务是对人类社会所积累的文化科学知识与技能、社会道德与思想意识，有选择地进行传授，使人类文化绵延不断地传递与发展。人才的培养虽然可以通过多种活动来实现，但有计划有组织的教学是最基本、最有效的途径。随着体育课程改革的不断发展，多数高校打破了传统僵化的课程结构，趋向于开放。课程形式丰富多彩，有选修课、必修课、通识教育课。课程模式多样化，课程内容不断增加，尤其一些拓展项目如羽毛球、网球、体育舞蹈、形体操、健美操、艺术体操、健美、瑜伽、跆拳道、轮滑、摔跤、攀岩、定向越野等更多地完善了高校体育教学任务。

（四）教学活动中教师和学生地位的转变

素质教育强调弘扬学生的主体性，提倡师生间的平等，注重学生的全体性和发展的全面性。教学活动的主体是教师和学生。教师起主导作用，学生在教师的引导、启发下，创造性地构建知识，发展能力，提高思想道德素质。教学质量的提高主要决定于教师和学生的态度、水平、能力，尤其决定于起主导作用的教师，教师的责任感、学科知识与能力水平、教育知识与教学能力将直接影响学生的发展。高校体育教学同样倡导以人为本的教学理念，以学生为主体，积极推进学生自主选课、教师导师型授课。学生主体地位与教师主导作用的关系进一步融洽协调。

（五）评价体系的转变

评价体系是促进教学目标实现的重要手段。健康第一思想及以人为本的教育理念更多地注重科学化、人性化。对教师评价要注重过程，讲究全面。对学生的评价一改过去单一的结果性评价，强调学生的人文素养、学习历程、提高幅度，使课程评价更加理性、客观、公正。

二、人文素质教育理念下高校体育教学改革的对策

（一）进一步加强理论教学力度

要认识到体育必须面向全体学生，确定和尊重学生的主体地位，加强理论教学，通过滴灌式理论教学让学生发挥主观能动性，促使学生在人文教育理念的指导下主动地、富有个性地学习。要重视个体发展，开展生动的、活泼的、充满乐趣的体育教学，注重学生的情绪生活和体验，重视对学生的价值引导和人格养成。体育教学要由重实践向理论与实践并重的方向转变，通过健康知识的传授，致力提升学生的体育文化素养和健康素养，从而最大限度地发挥体育的教育功能，促进学生身心的全面发展。

（二）遵循教学原则，构建更加科学、合理的体育教学机制

体育教学原则是教学理论工作者总结教师长期的成功经验而制定的。正确的教学原则，符合教学规律，但不是规律本身，而是人们对规律的认识。在人文素质教育理念的指引下，在高校体育教学改革中应跨越重运动技术、轻身心健康这道门槛，重新认识体育学科，对体育教学的实质进行分类，以体育活动为主要手段，以增进学生身心健康为主要目的，构成全新的体育教学基本框架。要让体育教学既有必修，也有选修；既有技术学习，也有理论学习。学生对体育课的自主学习得到加强，初步建立体育教学资源共享机制。

（三）改革教学方法，倡导探究性教学，提高教学效果

应充分利用现代化教学手段，推动体育素质教育的迅速发展。使用现代化多媒体教学手段，发挥多媒体的声像、动感、色彩等优势，可以使理论课内容更加丰富、翔实，使实践课的示范更加连续、标准和形象。大力推广应用调动

学生积极性和能动性的方法，如培养创造性思维的发现教学法、因材施教的程序教学法、运动处方法、情景教学法和声像教学法等。要适应世界潮流，以启发式代替注入式，从重教到重学，尊重学生的主体地位。加强实践性教学，运用高新科技教学手段，提高教学效率。法无定法，有法而无法。没有一种适应各种情况的最优教学方法，只有多种教学方法配合、灵活运用，才能取得最佳效果。

（四）注重教学过程的创新，创建体育教学平台

将研究性学习这一理念运用到高校体育教学改革中，目的就是创建以健康第一、注重人文素质教育为指导思想，以育人为目标，以终身体育为主线的新型体育教学体系。研究性学习的根本在于教学思想的转变，是一种以提高学生的创新精神和实践能力为主要目的的学习方式和课程形态。要注重学生情感优先发展，强调培养学生的创造力，尊重学生的主体地位，营造生动活泼的教学气氛，培养学生的创新精神和实践能力，重视学生的多种收获与体验，有效提高体育教学质量，促进学生全面发展。创新教学过程，优先创建教学平台，创建面向全校为公共平台的课程，创建融入其他专业为基础平台的体育课程。设立体育教学课程组，由课程组负责平台课程的建设和教学管理，按精品课程标准进行建设，平台课程由最好的教师来执教。

（五）注重教材选用，优化课程设置，加强师资队伍

建设当前体育教学大纲和教材的建设尚需完善，要选用高质量的国家统编教材，提高体育教学整体水平。高校在修订教学内容时要以强身育人为目标，力求使课程内容贴近学生未来的职业生活，适应社会发展的需要。课程内容应淡化竞技，重视对学生身心、个性发展的影响。可以增加健身体育、传统体育、生活体育、休闲体育等体现兴趣性和实用性的课程。要更新和充实体育理论教学，增加体育人文社会学、体育养生保健学、运动处方等知识传授，提升学生的体育文化素养。打破学科壁垒，打破必修与选修界限，必修中有选修，选修中有必修。打破主修与辅修界限，主修当中有辅修，辅修当中有主修。教学改革的深化对教师的业务水平也提出了更高的要求。为此，应采取多种形式提高教师的业务素质，可根据教师的实际情况，有目的、有计划地选派一部分教师

到体育学院短期进修,也可组织教师在职学习进修,还可报考上级学校继续深造等,以加强队伍建设,提高体育教师的整体水平。学校可根据国家有关规定制定达标标准,促进教师多学习一些理论技术、实际操作的本领。多方努力,真正形成教学型、训练型、科研型队伍结构。

(六)完善评价体系,丰富课外文化活动

教学评价的内容应主要包括教师评价、学生评价、教学过程评价、教学管理评价以及课程评价五个维度,并且每个维度又根据要求划分出不同的层面,在不同的体育教育阶段,内容与要求应各有不同。同时,体育教学评价内容还应具有延续性,以实现评价的整体性与系统性,在实践中逐步构建促进学生发展与教师成长的发展性体育教学评价体系。要加大课外活动的开展力度,大力支持、完善体育社团的活动。多开展一些学生喜闻乐见的活动,譬如冬季长跑、校园定向越野等。

第三节　人文理念在高校体育教学中的融合

一、体育教学中融合人文理念的重要性与必要性

(一)融合人文理念是高校体育教学的基本诉求

作为体育学科教学的支撑,人文内涵的渗透是体育文化传播的基础,通过高校体育教学创建人文环境,彰显体育学科教学的文化价值与学科地位,对于高校体育学科教学发展意义重大。面对教育改革的深化,人文理念强调体育学科教学目标与内容均紧密围绕学生这一中心,全面体现人本化教育理念。基于人文理念的体育教学进一步凸显了高校体育学科教学的特点,进一步拓展了体育教育的现实价值,促进了高校体育教学的改革实践。

(二)融合人文理念是助推学生全面发展的题中之义

作为锻炼学生体质、强健学生体魄的重要学科,高校体育教学无论对学生的心智还是能力均会产生积极正面的效应。在参与体育活动的过程中,学生不

仅能够体会到身心满足感，还能够在团队合作实践中领会人文精神的内涵与价值，特别是对于高校学生，其已然具有独立而成熟的思维模式与价值判断，融合人文理念的体育教学与学生发展需求无疑是精准契合的，借助于体育教学实践的变革可逐步提升课程的专业性与教学手段的多元性，通过体育文化的熏陶、体育知识的教授，可使学生在体育学习中发掘兴趣点，充分拓展自身潜能，达到综合素质稳步提升的目的。

（三）融合人文理念是社会精神文化建设的必然走向

体育文化也是社会精神文化建设的重要组成部分，而高校体育教育作为体育文化的重要传播阵地，其会受到政治、社会、经济、文化等发展水平的影响。高校学生通过参与体育实践活动，深切感受到体育文化的发展脉络，洞悉社会精神文化的深刻内涵，为其后续步入社会打下扎实的基础。学生通过持之以恒的努力，练就自身健康的体魄与强健的身心素质，以此更好地应对来自社会的各种挑战与竞争。

不仅如此，高校体育教学实践中人文理念的融合能够给予学生更充分的人文关怀，帮助其更好地完成从学校到社会、从学业到岗位的过渡，而人文理念所强调的终身体育观对学生也助益颇丰，有助于帮助其形成科学的体育锻炼习惯，促进学生精神文化气质的整体提升。

二、人文理念在高校体育教学中的融合策略

（一）渗透体育精神，树立体育人文教育理念

在高校体育教学中，传统教学结构的"一刀切"已经无法适应新型教学机制，时代发展的同时，学生的思维意识也不断转变，体育教育要践行动态化运维体系，积极渗透体育文化精神，全面凸显人本化教学理念，充分尊重学生的意见与建议，给予其足够的自由选择权，使学生体育运动潜力得以充分激发。一方面，高校体育要将以人为本纳入教学目标与内容体系中来，做到关注学生需求，从人生价值层面重塑课程体系，体育教学中深刻灌输终身体育意识，最终达到身体健康、心理健康与适应社会三大教学目标；另一方面，高校体育教学要积极倡导并引入竞争化机制，将竞技比赛作为体育教育教学的重要手段之一，充分渗透体育

精神，培养学生的竞技精神与忧患意识。此外，体育教育工作者要充分尊重学生的个体差异性，针对学生的差异性渗透不同模型的人文教育理念，通过爆发力、耐久力、力量结构等多项参数的测试与判定，根据学生差异构建有针对性的集中训练计划，确保不同学生获得最适宜的训练强度，保证基础教育标准与教学价值的有效落实。

（二）拓宽人文视野，创新体育教育内容体系

人文理念强调关注个体与社会，对体育文化而言，其不仅对学生个体发展具有十分重要的推进作用，还能够为社会发展带来巨大的价值。因此，在高校体育教学中要使学生在体育学习中直接或间接地接触社会文化，拓宽人文视野，明晰体育文化的重要价值，了解体育精神对自身选择的影响，继而自觉投入体育人文精神的传播实践中，逐步成为全面发展的"完整的人"。不仅如此，体育教师要以课程教学作为媒介，基于专业特点与人文要求优化课程体系，建构充满人文主体的教学路径，尊重学生的课堂主体价值，在人文理念的引导下重塑教学流程，提升教学实效性。

长期以来，我国高校体育课程编排均以竞技运动为主，侧重基础知识与技能教学，人文理念的渗透不足导致教学效果不甚理想。针对此，高校要加快推进体育课程体系改革，特别是要加强校本课程研发，积极引入武术等教学内容，充分凸显中国优秀传统文化与体育精神的本源，使学生逐步培养兼容并蓄的和谐观、追求礼让的竞争观、人际和谐的价值观、道德至上的武德观，提升其意志力、创新力、竞争力，并在体育文化的浸染下受益终身。

（三）凸显人文内涵，落实新型体育教学结构

人文理念强调对体育文化内涵的探究，因此高校体育教学要注重凸显人文内涵，落实新型体育教学结构，使学生通过丰富多元的体育活动感知体育文化的价值，继而养成健全的人格。一方面，体育教师要遵循人文理念，在新型教育机制建立的同时，全面、深入地优化体育教学活动与教学结构，确保体育教学维度、教学效果的实效性。在课堂教学中，教师要渗透多元人文观念，不断丰富学生对体育文化内涵的认知与体验，促进教学运维体系的逐步升级，实现体育教学结构和人文理念的完美对接。另一方面，教师要积极探索体育教学方

法创新与实践策略，充分发挥学生的创造力，促进学生自学自练能力的提升，引导其形成终身体育理念，如可采取设疑提问驱动学生自主创新思考，还可组织课堂讨论、运动游戏、多媒体教学等教学方法，达到以趣激学、提升体育人文教育实效的目标。此外，高校要加快推进体育教学评价机制的创新，在考评体系中引入人文指标，既要考察知识与技能，又要评价学生的合作精神、品格等，量化学生的行为、态度与身心状态，以提升学生参与体育运动的积极性，更好地适应体育教学改革，使体育教学考评价值回归。

（四）深化人文理念，营造全民体育文化氛围

除了构建多元教学模式、丰富课程内容与实践教学手段以外，高校还应在校园范围内深化人文理念传播，为学生提供基础性、拓展性训练活动，营造全民参与的体育文化氛围，使学生深切感受到体育文化的乐趣。

一方面，高校要积极借助校园广播、黑板报等宣传体育文化知识，报道体育盛事，并组织学生学习为国争光体育健儿的优秀事迹；另一方面，学校要鼓励学生积极创建体育社团、体育协会、运动俱乐部等，为学生提供一个深度交流探讨体育文化的平台，使学生在体育文化的耳濡目染中逐步加入体育运动的行列中来，使之在体育领域中知其然，并知其所以然。此外，高校各院系及社团组织要积极组织开展竞技体育比赛或联谊性质的体育活动，强化学生体育技能的应用、迁移与再构造，对学生自身而言，要注重人文素养的积淀，在和谐轻松的文化环境中主动学习体育人文文化，并在长期的积累中形成良好的人文素养，提升自身的综合实力，更好地适应社会变化。

第四章　高校体育教学方法的设计与革新

第一节　体育教学方法概述

一、体育教学方法的概念

关于体育教学方法，国内外学者很早就开始进行研究，在研究过程中，诸多专家和学者对体育教学方法概念的界定有以下共识：

第一，体育教学方法是体育教学系统的重要组成部分。

第二，体育教学方法与体育教学系统其他要素之间具有非常密切的关系。体育教学方法服务于体育教学目标和体育教学任务，应能够促进体育教学目标和任务的实现。同时，体育教学方法又受体育教学内容的制约。

第三，体育教学方法是"教"与"学"的统一，可有效促进师生的双边互动。

第四，体育教学方法受到特定的教学理论的指导。

第五，与其他科目教学方法相比，体育教学方法在注重教学语言要素的同时，更加注重动作要素。

综合我国学者对体育教学方法的研究，一般认为，体育教学方法，具体指为实现体育教学目的而采用的手段、方式、措施和途径等的总和。

二、体育教学方法的分类

从体育教学活动双边关系和参与主体来看，体育教学方法可以从"教"和"学"的角度进行教法和学练法的划分，具体分析如下.

（一）教法

教法是体育教学过程中教师层面的教学方法，可以具体理解为教师的授课方法。

1. 知识技能教法

教法类教学方法包括基本知识的教法和运动技能的教学方法。

（1）基本知识的教法

基本知识主要是指体育运动项目的基本理论知识，基本知识教法就是针对这些理论知识展开教学所使用到的教学方法，主要涉及基础训练理论教学。

一般来说，体育基础知识的学习主要是抽象知识的学习，具有一定的难度，不像体育运动技术那样可以直观地、生动形象地展现，这就需要教师在体育教学过程中应深入了解学生的知识基础、思维能力选择相应的教学方法。教学方法应尽量具有操作性，并注意与体育运动实践的结合。

（2）运动技能的教法

运动技能的教法不难理解，是通过相应的教学方法来很好地向学生呈现技术动作，帮助学生很好地理解运动技能的概念、构成、完成过程，这对于学生提高体育运动技能具有重要的作用，教学方法应便于运动技能规律与特点的揭示，便于具体的技术动作的形象化、生动化展示。

运动技能教法应用特点如下：

第一，教师通过教学方法的科学选择与实施，促进学生对具体的运动技能的理解。

第二，充分考虑与教学体系中其他要素，如教学内容的关系，结合教学内容分析，运用相应方法帮助教师完成教学任务。

第三，结合实际教学情况，充分发挥教学方法灵活多变的特点，随机应变，在体育教学活动中灵活处理各种教学要素。

2. 思想教育法

思想教育法是为展现体育思想教学内容的教学方法，开展相应的思想教育时，教学方法的选择应注意体育思想、体育道德内容展示的特点，促进学生的体育价值观念、体育精神、体育道德、体育意志品质等的发展与提高。

（二）学练法

1. 学法

学法，主体为学生，在体育教学中，学生的学法就是了解和掌握体育相关知识的方法，通过具体学法的选择与应用，促进学生对体育知识、技能的掌握。

体育运动教学实践中，学法应用要求如下：

（1）确保学生能掌握教学目标所要求的基本知识与技能，并结合个人情况有所发展。

（2）体育学习中，应重视体育知识、经验，自身体能与新知识、技能的有机结合，使体育技能学练符合自身身心发展规律、特点。

2. 练法

练法，具体是学生的运动训练方法，是实现体育教学目的的重要方法和途径，指导学生进行体育锻炼的方法是体育教学中最具本质特征的方法。

体育教学是一项身体实践性非常强的学科教学，各种体育知识、技能都需要学生的体育活动实践才能理解、掌握，并在之后的体育活动参与过程中表现出来，这就需要学生在体育学习过程中结合具体的学习任务、目标、自身实际情况科学、循序渐进地参与体育运动训练，不断提高自己的体质、体能、运动心理水平，并进一步促进自我体育运动专项体能、技能和心理能力的发展。

三、体育教学方法的特点

（一）实践操作性

与其他学科不同，体育学科的学习更多时候需要学生进行各种各样的身体练习，因此，在体育教学过程中，教师选择教学方法应充分考虑到学生的具体的身体活动开展的可操作性，同时教学方法应考虑客观的体育教学条件能否为教学方法的体育教学活动组织提供必要的物质支持。

体育教学方法的实践操作性受体育身体活动的基本性质影响，同时，也受学生的体育活动参与形式的影响，教师选择与实践教学方法，应结合具体教学实际对教学方法进行必要的修正。如果教学方法中的某一个环节和形式安排可能在接下来的教学活动开展中受阻，则教师应该灵活变通，不能让教学方法停留在理论层面，应落到教学实践中，符合教学实践。

（二）多感官参与性

体育活动的开展过程是师生的身体活动参与过程，教师与学生进行各种体育技术动作示范、练习，都需要充分调动身体各部分的组织和系统的功能，整个有机体各个器官和组织、系统都要充分调动起来。例如，教师通过动作示范教授学生某一项具体的体育运动项目的技术动作，学生要利用眼睛去看动作，利用耳朵去听讲解利用肢体去感受动作感觉，因此说，体育学练的过程，也是学生机体多感官共同参与的过程。

在体育教学中，为了获得良好的体育教学效果，体育教师在选择和运用教学方法时应注意教学方法是否能充分调动起学生的多种感官的积极参与，优化教学效果。

体育教学方法对学生的多感官的体育调动与参与主要表现如下：

第一，体育运动参与和学习中，需要学生运用思维、感知、记忆和想象，需要学生的眼睛、耳朵以及触觉和动觉等感受器官对运动的方向、用力的大小和动作的幅度等方面进行感知，形成正确的动作定式。

第二，在形成正确的体育动作的基础上，将所接受到的教学信息进行整理、分析，通过大脑思维活动，指挥身体的各器官完成相应的动作；通过不断重复技术动作，最终达到动作技术的正确和精细。

（三）时空功效性

根据学生的学习认知规律和动作技能形成规律，体育教学方法的各教学实施阶段都表现出体育活动的时空性特点，以及教学的时空特点。

体育教学开始阶段，教师作为教学主导者，指导学生进行相应的学习活动，进行相应的分析、示范和指导。

体育教学期间，教学活动的主体发生了相应的变化，学生的主体作用也在不断增强，学生通过认知、分析和练习，掌握相应的知识和技能。

体育教学结束阶段，教师进行相应的总结和分析，对学生的学习过程、学习效果进行客观、全面评价与分析，并预告下次教学内容，实现本次课与下次课的有效衔接。

（四）动静交替性

体育运动教学与训练应保持动静结合，这主要是受运动者个体运动负荷承受范围的影响，是体育教学的基本规律和特点。

体育教学方法的"动"即指技能学练，体育运动技能的学习与掌握必须通过实实在在的身体练习来进行，体育教学过程中的各种体育教学方法都是为了促进学生更积极、更好地去参与各种身体活动，通过体育活动实践来掌握体育技能。

体育教学方法的"静"即指合理休息。学生的体育学习过程中，学生生理方面和心理方面都要持续地不断受到刺激，并承受一定的负荷，长时间会导致疲劳影响学习效果与质量，这时需要安排学生进行合理休息，包括积极性的休息和静止休息。安排休息时，应注重积极性休息和消极性休息的结合。

（五）师生互动性

体育教学活动的开展，需要教师和师生共同参与，教学方法的选择不应该只是组织活动让学生参与，还要在体育教学活动中，教师能适时地融入学生的学练、发现、探索活动中去，及时给予学生正确的教学指导。教学方法的应用应有助于教师、学生的体育教学活动的积极参与，并促进师生互动。

（六）继承发展性

新时期，教育工作者继续发展创新，教学方法及其应用也在不断丰富与创新使用，教师和学生的师生关系、课堂体验，以及体育教学效果都在不断优化。

第二节 传统体育教学方法及应用

一、传统体育教法及应用

（一）语言教学法

语言教学法，就是教师通过语言表达，来阐述体育教学知识、文化、规律、特点、技术构成、教学活动安排与过程实施的方法，学生通过对教师的语言来了解教学过程、参与到学习过程中去，掌握必要的教学知识点。

常用语言教学法举例如下：

1. 讲解教学法

讲解教学法，教师通过语言讲解来开展教学。讲解法通常用于体育理论教学，讲解过程中，教师应充分考虑学生的理解能力与认知能力的特点与水平。

讲解法使用要点如下：

（1）讲解要明确，突出教学内容重点、难点、特点

在体育教学中，教师对于教学内容的讲解必须要有明确的目的，不能漫无目的地讲解，这样会使学生抓不住重点，不能理解教师的用意，导致学习效率低下。

（2）讲解要正确

注重讲解内容（历史文化、动作术语、技能方法等）的准确描述。

（3）讲解要生动、简明、有重点

讲解应便于学生更好地理解教学内容，如生动形象化的讲解可加深学生的认知，教师应重视对技术动作的形象化描绘，可以适当加入肢体语言帮助学生理解。再如，关于概念、技能难点的讲解应有重点，把握关键技术讲解，更便于学生掌握动作要领。

（4）讲解要通俗易懂、深入浅出

教师要善于运用对比、类比、提问等方式进行启发性教学，这有利于学生积极思维，使学生举一反三，触类旁通，学以致用。

2. 口头评价法

口头评价法是体育教学中非常重要的教学方法，可以在课堂上及时、快速地给予学生最直接的评价、提醒，也可以在教学结束之后，对学生的课堂表现进行口头点评。

根据评价性质，口头评价有如下两种：

（1）积极评价

教师对学生的评价是鼓励性的、表扬性的、肯定性的。

（2）消极评价

教师对学生的评价是负面的，以批评为主，这显然会让学生感到不舒服和

沮丧，对此教师应掌握必要的语言沟通技巧，注意措辞，要就事论事，不能过分打击学生，更不能进行语言方面的人身攻击。

3. 口令、指示法

口令、指示具有简短的特点高度概括性，在体育教学过程中，借助简短的字词给予学生必要的提示，如体育实践教学中的动作学练。

口令和指示法应用要求如下：

第一，教师应发音清晰、声音洪亮。

第二，教师对学生的口令、指示应尽量使用正面引导、积极性的词汇，并注意提示的时机。

第三，合理把握口令和指示的节奏。

在体育教学实践中，教师采用口令、指示法时，尽量做到语言精练，言简意赅。

（二）直观教学法

直观教学法，是利用学生的感官直接冲击来加深学生对体育教学内容的印象，使学生更直观、生动、形象、直接地了解教学内容。具体来说，通过直观刺激学生感官。

体育教学中的常见直观教学法有如下几种：

1. 动作示范法

在体育教学中，教师通过对教学内容的动作示范，来使学生对所要学习的项目技术动作有一个生动形象的了解，熟悉动作结构和要领。

动作示范教学法的运用应注意以下几点：

（1）明确示范目的

教师在进行动作示范之前，要指导示范的目的是什么，要展示什么。

（2）示范动作正确、流畅

教师进行教学动作示范，是为了给学生提供必要的技术动作模仿对象，教师的示范动作必须正确，避免错误引导学生。

（3）示范位置合理

体育教学中，教师的动作示范应让每一个学生都能全面、准确观察，使所有学生都能够清楚地观察到示范动作,可多角度示范。

(4)示范应与讲解结合起来

通过示范、讲解,充分发挥学生的视觉、听觉、触觉等各感官的作用,使学生的听觉和视觉器官同时利用起来,以更好地加深学生对正确技术动作方法的理解与掌握。

2. 教具与模型演示

采用图表、照片和模型等直观教具辅助教学,使学生更加易于理解相应的技术结构和动作形象。教具与模型演示教学,应注意以下几点:

第一,提前准备教具、模型。

第二,教具、模型全方位展示,如果介绍具体器材的使用方法可以让学生近距离体验。

第三,注意教具与模型的使用保护。

3. 案例教学法

案例教学法,就是在体育教学中举例子,使学生对体育教学内容的理解更加简单、直观、形象。

案例教学法应用要求如下:

第一,举例恰当,避免举无效案例。

第二,对战术配合和组织案例分析尽可能详细,并注意多角度(如攻、守)分析。

4. 多媒体教学法

多媒体教学方法是现代体育教学中被较多使用的方法,与传统的课堂板书教学不同,多媒体教学能令教学内容的展示更加生动形象,而且教师应更加准确地利用多媒体教学技术向学生分析动作的细节,通过动画和视频演示,可以将每一个动作精确到秒,将教学内容制作成电影、幻灯、录像等,通过重放、慢放、定格等操作方法,使学生更深入、系统地学习知识,掌握技能。

多媒体教学法的使用需要必要的多媒体教学技术支持,也需要教师具备一定的多媒体技术操作能力。

（三）完整教学法

完整教学法是体育教学中广泛应用的一种教学方法，该教学方法重在完整地、不间断地演示整个技术动作过程，通常在体育教学实践课中运用。

完整教学法的体育教学应用应注意以下几点：

1. 讲解要领后直接运用

教师通过对体育运动技术动作的分解讲解，示范整个技术动作，使学生能流畅地模仿完整技术动作。

2. 强调动作练习重点

体育实践教学中，对于较为复杂的动作，教师应明确讲解、示范重点，使学生正确把握技术动作难点。

3. 降低动作练习难度

降低动作难度以便于学生完整练习，建立正确动作定型后逐渐增加难度，待学生熟练后再按标准动作进行完整动作学练。

（四）分解教学法

分解教学法是与完整教学法相对应的一种教学方法，适用于复杂和高难体育项目的技术动作教学。改方法能将复杂的动作简单化，降低技术难度。

分解教学法具体是指在体育教学实践中，教师分解完整的技术动作，通过各个阶段、环节的逐个教学，最终使学生掌握整个技术，分解教学应注意以下几个方面：

第一，对技术动作的分解要注意科学，不能打破各环节之间的有效衔接。

第二，分解后的技术动作依次教学，熟悉后注意组织学生对学习环节前后的衔接结合练习。

第三，技术动作分解与完整综合运用效果更佳。

（五）预防教学法

体育教学的开放性使得体育学习同样是一个开放的过程，可受到各种因素的影响与干扰。就学生的个体差异性来说，不同学生的认知能力、理解能力、肢体协调能力等不同，因此有的学生不可能做到一下子就能准确掌握知识要点、动作要领，学习过程中难免会犯各种各样的错误，教师针对学生的学习错误，应及时预防和纠正。

预防教学法是对学生的错误认知、错误动作提前采取阻断措施的教学方法。

预防教学法应用要求如下：

第一，体育教学中，教师应在讲解过程中不断强化正确认知，避免学生错误认知。

第二，教师在备课时可结合自己的教学经验对学生可能会犯的错误做好预防预案。

第三，可结合口头评价、提示、指示帮助学生及时预防错误。

（六）纠错教学法

纠错教学方法是学生在体育教学中出现认知、动作错误后，及时予以纠正错误的教学法。

在体育教学过程中，教师应正确对待学生由于对各种动作技术理解不清或对动作掌握不标准的错误，注意进行有意识的引导和纠正。

纠错教学法应用要求如下：

第一，纠错时，应注意正确技术动作的讲解，使学生明确产生错误的原因，及时改正。

第二，结合外力帮助学生明确正确技术动作的本体感觉。

预防和纠错相辅相成，和预防相比，纠错的针对性更强，要求教师认真分析学生错误的原因，并有针对性地结合错误的源泉采取相应的纠正措施，并给出改正方向与方法。

（七）游戏教学法

游戏教学法，指教师利用组织游戏的方法使学生完成预定教学任务的教学方法。这种教学法的应用比较广泛，在体育教学的初期和其他各时期都经常被使用到，在调动学生的体育学习积极性与主动性方面具有良好的作用。

游戏教学法的应用应注意以下几点：

第一，所开展的各项游戏应与具体的体育教学内容相适应，应与教学内容相关。

第二，游戏内容应选择学生感兴趣的内容、方式。

第三，游戏开始前，注意游戏规则、目的的讲解。

第四，游戏过程中，强调学生的积极努力、同伴协同配合。

第五，游戏过程中，教师应监督学生在游戏中的行为，避免学生破坏规则，如有发生应实施"惩罚"。

第六，游戏结束后，教师应做客观、全面评价。

第七，注意教学安全。

（八）竞赛教学法

竞赛教学法，是通过教学竞赛的组织来开展体育教学的方法，竞赛教学法重视学生的体育运动技能的实践检验，也重视学生在运动中的角色体验以及学会如何处理与队友的关系，并可以促进学生的运动心理的调适与完善。竞赛教学法是体育教学不同于其他学科教学的一种重要教学方法，对于学生的身体运动素质、竞技能力、心理素质、社会性关系处理等都具有重要的发展促进价值。

竞赛教学法的教学应用要求如下：

1. 明确竞赛目的

通过足球运动竞赛切实提高学生的足球运动技能水平。

2. 合理分组

各对抗队的实力应相当。

3. 客观评价

对竞赛过程中学生完成动作的质量予以客观的评价，并指出改进的方向和方法。

在体育教学实践中，教师不应只专注于使用一种教学方法，也不能毫不顾忌教学实际多种教学方法交叉和叠加使用。上述各种体育教学方法的应用应结合具体的教学实际情况和学生情况科学选择，以选择最佳的教学方法或者教学方法组合，进而促进良好的体育教学质量和教学效果的不断提高。

二、传统体育学法及应用

（一）自主学习法

所谓自主学习法，即学生积极主动独立自主进行体育学习的方法，在学习过程中，主动发现、分析、探索、实践。当然，整个学习过程需要教师的必要指导。

高校体育教学中，教师指导学生进行自主学习，应做好以下几方面的工作：

第一，教师应针对学生的水平、特点，为学生安排难度适当的体育教学内容。

第二，教师可帮助学生制订学习目标，指出学生通过自我探索应该达到什么水平，解决哪些问题，学生应根据自身的知识储备和能力水平，明确学习目标。

第三，学生应根据自身情况，对照学习目标，进行积极的自我调控，并及时改进教学方法和教学策略。

第四，教师必须认识到，组织学生进行自主学习，教师仍要间接参与学生的整个学习过程，自主学习并非意味着教师放任不管，教学中，教师应时刻关注学生的学习进度，是否遇到了一些问题。如果学生的学习偏离预期，应及时引导。

（二）合作学习法

合作学习法，是在教师的指导下，学生进行合作互助，通过责任分工承担不同学习探索任务，并最终解决问题，达到教师所设定的学习目标，完成教师布置的学习任务。

合作学习能够提高学生的学习能力、合作能力。教学中，具体的学习操作方法如下：

第一，教师根据教学内容确定相应的教学目标。

第二，教师引导学生结成学习小组。

第三，全体学生在教师的指导下，根据教学内容确定相应的教学目标。

第四，确定各小组研究的课题，引导学生自己进行小组内的具体分工。

第五，小组成员合作完成小组学习任务与目标。

第六，不同小组进行学习和交流，分享研究成果，发现问题，取长补短。

第七，教师关注、监督学生学习，推动各小组活动顺利开展。

第八，教师评价，帮助学生总结。

第三节 符合现代教育理念的体育教学方法

在"以人为本""健康第一""终身体育"等新的教学理念指导下,教学方法的选择和应用越来越重视体育教学中学生的体育学习体验,并越来越重视学生学习积极性与主动性的发挥。对学生来说,符合现代新教学理念的体育教学方法的应用,大大提高了学生的体育学习兴趣。同时,体育教学环境更加优化,学习体验更加丰富多彩与生动、形象。

一、现代创新体育教法

(一)探究教学法

探究教学法,也称指导发现教学法,是一种充分发挥学生能动性的教学方法。在教师有意识的体育教学中,让学生经历教师所设计的各种教学环节,引导学生逐渐发现问题,讨论问题,并处理和解决问题。

探究教学法符合现代教育教学理论对学生的要求,也是新体育课程强调学生主体性理念的重要表现,因此在体育教学实践中日益受到重视。该教学方法在体育运动教学中得到了尝试并收到了良好的教学效果。

探究教学法的体育教学应用有机结合了教师的"教"和学生的"学"两个方面。指导发现教学法主要适用于战术、攻防关系、技术要点教学中,具体应用程序如下:

第一,学生预习教师所要教授的教学内容时,发现问题。

第二,教师以指导语的方式改造所授教学内容,并且将一些相关的观察结果和分析的直观感知材料提供给学生,使学生自行解决学习中遇到的困难和问题。

第三,体育教学中,重视对特定教学环境的建设,使学生在积极探索、研究的过程中获得知识和掌握技能。

第四,教师进行教学分析归纳总结。

（二）合作学习教学法

合作学习教学法是通过对学生进行分组，让学生以小组形式完成学习任务的教学方法。合作学习教学法有利于学生养成合作和竞争的意识，对于在足球运动中发挥集体协作作用具有重要的促进作用。

在现代体育运动项目教学中，许多教学活动都需要学生的共同参与，即便是以个人运动技能展示为主的体育运动项目，在运动技能练习过程中，也需要其他同伴的陪练，离不开各参与者的相互配合。因此，通过合作学习不仅能增加学生之间的默契配合，增强学生的合作意识和合作能力，还有助于良好的教学环境和氛围的形成。

（三）多元反馈教学法

新课程标准要求重视学生在体育教学中的地位，重视和谐师生关系的建立，多元反馈教学方法正是强调教师与学生之间在学习过程中融洽合作关系的教学方法。该方法更加突出师生之间、学生与学生之间进行信息的交流与反馈的及时性。教学过程中，重视通过对学生积极性、主动性和创造性的激发和调动，促使教学信息的多向传递，促进学生通过系统的知识学习实现自我发展。

多元反馈教学法在高校体育教学中是一种新的尝试。教学中，科学运用反馈教学法应注意以下几点：

第一，以信息的相互反馈作为主要的线路，并在教学过程中，教师与学生间，学生之间，学生与教材、媒体之间都要做到信息及时、有效地反馈。这也是提高体育教学效果的关键所在。

第二，教师要善于及时、准确地捕捉各种反馈信息，并进行整理分析，做出准确的判断，修正教学过程。

第三，教师应对所反馈信息的正、负影响做出准确的判断，及时地向学生进行反馈，使学生更好地了解自身存在的问题和不足，有针对性地进行改正，有效控制教学过程与结果。

（四）多媒体技术教学法

多媒体技术，即 CAI 技术，是伴随着计算机信息技术的发展而获得发展的。多媒体教学技术应用于教学已经有较长的一段时间，且因其具有可嵌入度以及良好的交互性能深受师生欢迎。多媒体技术的发展使得体育教学的教学手段更加丰富。多媒体技术纳入体育教学更多地应用于体育理论课教学。

相比于传统的教学手段，多媒体技术将体育运动相关录像、图片、flash等引入课堂教学，综合了学生视觉、听觉、视听觉内容，在包括体育运动在内的体育教学中得到了广泛应用，教学效果良好。

目前，各种教学的多媒体设备、软件日益增多，越来越便携的输出设备使得学生在需要时可以观看视频或图片。手机、笔记本电脑、平板电脑的出现使得更多的课件可以以此为设备核心展开体育教学。

多媒体教学替代了传统意义的收录机、播音机、手鼓、节拍器等教学手段，体育教学更加智能，并表现出集成性、便捷、生动、立体、交互、实时、长久储存等特点。

（五）计算机网络教学法

计算机网络教学，依托于计算机技术和网络通信技术，可以实现体育教学的更加生动、互动与高度交互。计算机网络教学改变了传统教学课堂教学的范畴，大大拓展了教学的时间与空间。

现阶段，计算机网络教学在高校体育教学中的运用，主要体现在校园教学学习网络的建立。早期的BBS由教育机构或研究机构管理，当前许多著名高校的校园网站上都建立了自己的BBS系统，通过互联网介入教学。借助于校园计算机网络建设和学生的网络设备利用，可形成多元化的综合性校园体育网络课程教学体系。

和传统体育教学方法相比，在新的依托计算机网络的"教"与"学"的交互平台上，师生之间、学生之间可以利用在线交流、邮件、留言等形式实施互动，不仅有助于突破教学时间与空间限制，还能提高教学维度，优化教学效果。

和多媒体技术教学相比，计算机网络教学更加智能化；教师所使用的教学资料和教学工具都是数字化、集成化的，课程内容以电子教材的形式呈现；网络课程教学过程中，可以实现网络即时模拟讲课、批改作业；在课内教学的基础上很好地解决了教学的延续性问题，师生的交互性更强；充分互动，并突出了针对性、实用性、趣味性，寓教于乐，可以促进学生体育运动学习和教师体育教学的教学相长的良性循环。

当前，我国高校体育网络课程建设尚处于起步阶段，表现出以下教学特点：

第一，网络课程设计水平普遍较低，教学功能单一。

第二，在高校体育教学网络课程建设中，凸显出"重开发，轻应用，漏管理"等问题。

第三，校园网络的学校体育教学专区建设不完善，信息不全、更新不及时。

第四，高校体育网络教学课程课件数量少、质量不高，制作粗糙。

第五，网络课程教室的教学活动缺乏有序组织管理，缺乏线上活动与线下活动的有机结合，师生互动还需要更进一步落实。

二、现代创新体育练法

（一）模式训练法

模式训练法是根据规范式模型进行的训练。和其他训练方法相比，模式训练法主要有以下两个特点：

1. 信息化

必须先收集到有关该情景、环境、条件的信息，才能进行针对性的训练。

2. 定量化

训练内容、方法、步骤等应进行定量控制，以便随时调整、完善训练。

（二）动作组合训练法

动作组合训练，是对多个技术动作的综合融合训练，适用于操类运动、球类运动基础技术动作练习。这种训练方法可令训练内容更加丰富、多变。

1. 动作递加法

递加法是通过两个和多个动作连接进行练习的方法。当教会一个动作或组合时，必须及时与前面动作或组合连接起来练习。训练操作如下：

（1）学练 A，学习 B，连接 A+B。

（2）学练 C，连接 A+B+C。

（3）学练 D，连接 A+B+C+D。

2.过渡动作法

在新动作之前或组合与组合之间加入一个或一段简单易学的过渡动作的练习，操作示意如下：

（1）学练 A，学习 B，连接 A+B。

（2）学练 B，学习 B+N。

（3）学练 A+B+N。

（4）学练 C，连接 A+B+C+N。

（5）学练 D，连接 A+B+C+D。

3.动作组合层层变化法

层层变化法是把原有的组合中每次按顺序只改变一个动作，使之过渡到另一个动作组合的方法。操作示意如下。

（1）学练动作 A，动作 B，动作 C。

（2）改变动作 A 后，学练动作新 A，动作 B，动作 C。

（3）改变动作 B 后，学练动作新 A，动作新 B，动作 C。

（4）改变动作 C 后，学练动作新 A，动作新 B，动作新 C。

（三）信息化虚拟训练

信息化虚拟训练，具体是指通过信息技术创新虚拟训练环境，注重运用现代生物力学技术与计算机技术模拟视觉效果，在虚拟的情境中进行体育训练活动。例如，篮球战术训练中，模拟 CBA（中国职业篮球联赛）或国际比赛环境，运用 3D 或 4D 游戏场景引导学生在 VR 眼镜下进行战术感知；蹦床训练中，在虚拟蹦床比赛场景下促进学生进行高精度的蹦床训练，实现多维判断。

第四节　高校体育教学方法的创新与发展

一、高校体育教学方法发展趋势

（一）多元化

体育教学的复杂性决定了体育教学方法的多元化发展。体育教学发展至今，已经有了许多教学方法，随着体育教学在未来的不断发展，也必然会出现更多的体育教学方法。

体育理论知识体系和运动技能内容丰富、技战术复杂、体育教学系统的多元化都在客观上要求体育教学方法的多样化与多元化。单一的教学方法是无法实现教学目标的，新课程改革的开展与深化也要求必须创新教学思路与方法，体育教学课上不能只用仅有的几种教学方法。体育教学方法的多元化能为体育教师的体育教学提供多种选择，进而实现体育教学更加科学地组织与开展。

现代体育教学中，随着新课程改革的开展与深化，综合考虑多方面影响因素，争取教学方法的多元化，优化创新是体育教学发展的必然趋势。

（二）现代化

科学技术的发展为人们的生活提供了便利。在教育领域，新技术的应用对新的教学模式、教学方法的创新也提供了技术支持。教学设备的现代化是体育教学的重要表现之一。随着体育教学各项技术的逐渐发展，其教学方法也必然呈现出现代化的发展趋势。

传统高校体育教学理念与方式已经表现出局限性与落后性，传统课堂板书、单纯体能训练（苦练）的教学方法已经与现代社会与学生的发展需求严重不符，不能充分调动学生学习积极性。因此加快高校体育教学方法创新是高校体育教学改革的必然，而且创新意义重大。

新时期，随着现代体育教学的发展，现代化的教学设备、技术在体育教学中的应用。教师能够对学生的身体素质进行更加深刻的了解，并能够更好地制定运动训练的负荷量。在教学管理方面，能够对学生的学习和生活提供更加便捷的服务。而体育理论教学中，多媒体、计算机软件等的运用，使得体育教学更加生动形象。

在科技迅速发展的大环境下，科学技术的进步对其教学方法的影响是极其深远的。多媒体技术教学、移动通信教学、网络教学等诸多新的具有现代时代特点的体育教学方法的优化创新，充分吸收了现代的先进科技，为学生的体育学习提供更加快捷、生动、形象和立体化的教学情境，符合当下学生的学习习惯与需要，也经过教学实践证明确实优化了教学效果。

（三）民主化

民主化教学是现代体育教学改革中所提倡的一种新的体育教学思想。民主化的体育教育有两个方面的要求：其一，体育教育面向全体学生，每一个学生的体育参与都是民主的；其二，呼吁体育教学中的师生民主，体育教学的民主化是大势所趋。

随着体育教学过程中民主意识的崛起，民主化的体育教学方法也逐渐得到快速的发展。在体育教学方法的选择过程中，也应关注到体育教学中的民主化条件、氛围的创设，让学生在良好的教学环境中学习、参与体育。

（四）合作化

现代体育教学实践中，只运用一种教学方法不可能完成整个教学，这就需要对多种教学方法进行综合使用，这就是体育教学的合作化。

体育教学方法的合作化，是体育教学方法的重要创新策略。目前，自主学习、合作学习等推崇民主教学的教学方法已经在我国高校得到广泛应用，极大地促进了教学目标的完成和学生的全面发展。

一方面，注重学生合作的教学方法选择，有助于培养学生的体育合作意识，是实现对学生的体育学习的社会性能力培养与发展的科学有效途径，能更好地通过教学活动组织实现体育的社会性教育功能。

另一方面，多种各具特点的体育教学方法的综合运用，可以最大限度地发挥不同体育教学方法的优势。多种不同特点教学方法的优化合作，不仅能够有效地提高学生的技战术水平和知识，还能够在学生的品德方面有着更着重的培养，更有利于促进学生技战术的学习和提高，能培养学生的合作意识和良好意志品质。这是对多元体育教学方法的一种"优势放大",有利于体育教学效果的完善和教学质量的提高。

(五)个性化

体育教学中的教学方法面向的是全体学生,但不同的学生之间存在各种差异,这就需要体育教学方法在选用过程中也应突出个性化。体育教学的方法应随着学生各方面的变化而进行适当的调整。个性化的教学方法改革和创新对于学生和社会的发展均具有重要的意义,能真正实现每一个学生都能有所发展和进步。

传统体育教学过分强调教师对教学的指导,教师的教学活动忽视了学生个体之间的差异性,学生的体育学习比较被动。

新时期,随着现代高校体育教学改革的不断深入与发展,再加上现代社会越来越注重学生个性的发展,学生的个性发展得到学校教育的重视。同时,随着新的体育教学理念的推动、新的科学技术在体育教学中的应用,现代体育教学中的体育教学方法的个性化发展成为可能,并具有了科学化的操作路径,能促进体育教学中的学生个性化教学。学生的个性发展要求教师应根据学生的具体情况,采用不同的体育教学方法。这对于提高学生的体育学习兴趣,充分调动学生的体育学习积极性与主动性具有重要的意义和作用。体育教学方法的发展也必然呈现个性化发展趋势。

(六)心理学化

体育具有多元教育功能,促进学生的心理健康发育是体育教育的重要教育功能之一,体育教学中的教学方法选择应为体育的心理教育功能的实现服务。体育教师在体育教学方法中应重视学生心理塑造,正确引导学生,培养学生体育健身意识,促进学生的良好体育道德、体育意志品质、体育精神和体育行为的养成。

实践表明,心理学理论在体育教学中的应用对于实现体育教育教学促进学生身心健康发展具有重要意义,为体育教学方法重视学生心理建设、发展提供了启发。通过科学的心理学理论指导,教学方法选用开始更多地关注学生心理,能使体育教学方法更符合学生的心理发育特点和心理活动特点,有助于有针对性地选择合适的体育教学方法，更好地激发学生体育学习的积极性与主动性。通过影响学生心理来组织和实施体育教学，能更好地实现体育教育教学、更进一步促进学生身心健康发展。

（七）最优化

不同教学方法各有优点，针对具体教学内容、教学对象特点，教师应善于甄选出最佳的教学方法。

具体来说，教学方法的最佳应充分考虑两个方面：教学方法创新发展必须重视教学方法优化策略中的系统性和操作性；体育教学方法的优化发展应充分考虑教学方法的实操性和实效性。

二、高校体育教学方法的科学选择

高校体育教学方法丰富多样，不同的教学方法各有优点与特点，要真正发挥教学方法在高校体育教学中的作用就必须要重视教学方法的科学选择。具体来说，高校体育教学方法的科学选择依据主要有以下几个。

（一）依据教育理念选择

教学理念对教学方法选择有重要指导作用，教学方法的选择应以最新体育教学理念为指导，具体要求如下：

第一，现代体育教学强调素质教育，强调学生的身心健康全面发展。体育教学方法选择应体现"以人为本"，促进学生体育参与与学习过程中的"健康第一"，并有利于提高学生的体育学习与参与积极性，促进学生的"终身体育"参与。

第二，体育教学方法的选择应体现出学生在体育教学中的主体地位，激发学生的积极性与主动性。

第三，体育教学方法的选择应重视教学活动中对学生的体育意识、体育能力的培养，为学生走出校门、走向社会继续参与体育奠定知识与技能基础。

（二）依据教学目标选择

教学目标、任务不同，教学方法的选择不同。体育教学目标是科学选择体育教学方法的重要依据。

依据体育教学目标选择体育教学方法，要求如下：

第一，从体育教学的总体目标要求出发，保障每次课的教学目标和总体教学目标都能实现。

第二，充分考虑教学媒体的选用能否实现本次课的教学目标，结合目标应用不同教学媒体，选择不同方法。

第三，教学方法要充分考虑具体教学活动安排所要实现的每一个小的教学目标。如为让学生巩固技能，教师应多采用练习法、比赛法等；为了教会学生学习新技能，教师应多采用讲解、示范、分解、模仿练习等教学方法。

第四，现代体育教学总目标是"促进学生体魄强健、身心健康"，所有教学方法的选择都应该以此为标准，不能偏离这个标准而只考虑短期的教学目标实现。短期教学目标的实现也是为长期教学目标的实现服务的。

（三）根据教学内容选择

体育教学内容丰富，不同的教学内容向学生展示，需要使用到不同的教学方法才能呈现出最好的教学效果。在体育教育教学系统中，教学内容、教学方法，是两个重要的系统构成要素，二者之间具有密切的关系。因此来说，教学方法选择必须充分考虑教学内容。操作要求如下：

第一，选择体育教学方法，应充分考虑体育教学内容的方便实施。如技术动作教学，应采用主观的示范法；原理教学，应采用语言讲解教学法。

第二，选择体育教学方法，应充分考虑教学内容的表现方式，通过哪种教学技术能更好将教学内容呈现给学生，最大限度激发学生的学习兴趣，就选择哪种最适宜的教学方法。如图片展示更直观便捷，还是多媒体教学展示更生动细致，这些都需要教师综合考虑教学内容与表现形式。

（四）依据学生特点选择

学生是体育教学的对象，教学活动开展不能离开学生，否则教学就没有任何意义。对体育教师来说，体育教学方法的科学选用是为更好地促进学生体育学习服务的，所以在具体的教学方法选择中应重点考虑学生的特点。

在体育教学中，科学选择体育教学方法，既要考虑学生群体特点，还要考虑学生个体特点。具体来说，根据教学对象特点选择教学方法，应重点关注以下几个方面的工作：

第一，科学选择教学方法，就学生群体特点来说，要根据某一学生群体的共性，科学选择能涵盖学生这些共性的、有针对性的体育教学方法。如低年级学生应多采用游戏方法教学，高年级学生多采用探究、发现法教学。

第二，就学生个体特点来说，关注不同学生的个体差异，针对不同学生采用不同的教学方法。

（五）依据教师条件选择

体育教师是体育教学的组织者、指导者，是体育教学活动的安排者，也是体育教学方法的选择者、实施者。因此，教学方法选择应充分考虑教师相关条件，要求如下：

第一，体育教学方法选择，应考虑该教学方法是否能使得具有一定的素质水平、知识结构、教学能力与经验的教师科学、有效实施，充分发挥出教学方法的优点。

第二，体育教学方法选择，应充分考虑是否符合教师的教学风格、性格特征。

第三，体育教学方法的选择，教师应考虑本次课教学目的与课堂控制。

总之，体育教学方法的选择过程中，教师应认真审视自己，根据自己的实际特点来选择合适的教学方法，以便于扬长避短，使教学方法选择更具针对性。

（六）依据教学环境与条件选择

在整个体育教学活动开展过程中，体育教学方法的选择应考虑到整个教学活动所涉及的教学因素。其中，客观教学环境与条件是应重点考虑的因素，教学方法的科学选择应该能够以这些必要的教学要素为依据去选择。

具体来说，教学环境包括场地器材、班级人数、课时数等，同时，外界的社会文化环境也对教学环境具有重要的影响。体育教学条件则涉及体育教学的硬件条件、软件条件等。

在体育教学活动开展过程中，体育教学环境与条件是不以人的主观意志为转移的，对教学方法的选择具有重要影响。体育教师要选择哪一种教学方法，应关注这些客观教学环境因素的影响，充分考虑如果选择和实施某一种教学方法，有没有实施这种教学方法必要的客观环境和条件的支持。

三、高校体育教学方法的优化创新

（一）教学方法的优化策略

随着现代体育的不断发展，不断有新的体育教学方法被提出并应用到体育教学中去，体育教学方法体系内容不断得到丰富。体育教学中，教师在体育教学方法优化创新应用方面的意识越来越强，但也不乏为了创新而创新的现象。这种现象违背了体育教学的客观规律，忽视了体育教学中的学生、教师、教学条件等客观实际，是一种不科学的创新。

科学的体育教学方法优化创新，应注重教学方法和教学现实的深入分析，充分了解不同教学方法各自的优点，针对具体教学内容、教学对象特点，教师应善于甄选出最佳的教学方法。对教学方法的合理运用是科学组织与实施体育教学的重要前提，也是体育教学方法优化创新的前提。

体育教学方法的科学化优化操作，具体要求如下：

第一，在实际的体育教学方法优化创新过程中，必须重视教学方法优化策略中的系统性和操作性。

第二，严谨的系统性能使教师对教学有着非常好的整体把握，更强的操作性则能够帮助教师更加方便地执行教学方法。

第三，教学方法将优化应用于具体教学实践，体育教师应重视对教学方法产生的效果进行跟踪了解，可通过学生的学习反馈收集、整理、分析教学方法使用效果的反馈信息，并对教学方法做出优化调整。

（二）教学方法的组合创新

教学方法的组合创新是现代体育教学方法优化组合的必然趋势和要求，具体是指以合作学习法为基础来进行教学方法的优化创新。从本质上来讲，教学方法的组合也是对原有教学方法的一种优化措施。

随着社会的飞速发展，体育教学方法不断创新，传统教学方法不断完善、新的体育教学方法不断出现。高校体育教学中，体育教师应对教学方法当中的各优势要素进行组合创新运用，以最大限度地发挥不同体育教学方法对体育教学的促进作用。

第五章 高校体育教学模式基础理论

我国的体育事业在不断加速发展,因此在体育教学当中越来越注重每一个环节的研究。体育教学模式作为高校体育教学当中的一个关键部分,对其进行深入的研究有着很重要的意义,只有这样,才能将体育教学模式更好地应用到高校体育教学当中去。本章将主要研究体育教学模式的基本理论,常见的体育教学模式、新型体育教学模式的构建以及体育教学模式发展方向。

第一节 体育教学模式基本理论

一、体育教学模式的概念

关于体育教学模式的界定,是从 20 世纪 80 年代才开始进行专门的探讨的。现阶段,体育教学模式的概念并未统一,其规范化程度还有待进一步提高。在体育教学模式的研究中,许多学者对体育教学模式的定义都提出了自己的认识和观点,下面就列出几种比较具有代表性的。

杨楠认为,体育教学模式是"体现某种教学思想或规律的体育活动的策略和方式,它包括相对稳定的教学群体和教材、相对独特的教学过程和相应的教学方法体系"。

李杰凯认为,体育教学模式"是蕴涵特定的教学思想,针对特定的教学目标,在特定教学环境下实现其特定功能的有效教学活动与框架,是以简洁形式表达的体育教学思想理论和教学组织策略,是联系体育理论与体育教学实践的纽带"。

樊林虎认为,"体育教学模式是指在一定的教学思想或理论指导下,设计和组织体育教学并在实践中建立起来的各种类型体育教学活动的范型,它以简化的形式稳定地表现出来"。

毛振明认为，体育教学模式是"按照一定的体育教学理论或教学思想设计，具有相应结构和功能的体育教学理论或教学活动模型"。

综上所述，体育教学模式能够有一个初步统一或认可度较高的概念，即"体育教学思想特定，用以完成体育教学单元目标而实施的稳定性较好的教学程序就是所谓的体育教学模式"。

二、体育教学模式的结构

体育教学模式的结构就是体育教学模式所包含的因素。其主要包括教学思想、教学目标、操作程序、实现条件以及评价方式等，具体内容如下：

（一）教学思想

作为体育教学模式的灵魂，教学思想是建立体育教学模式所应具备的基本理论与思想基础。也就是说，要想建立体育教学模式，就需要有一定的理论知识对其进行科学指导。在不同理论指导下所建立起来的体育教学模式是有所差异的。

（二）教学目标

在体育教学过程中，建立体育教学模式的目的在于更好地实现体育教学目标。如果没有体育教学目标，也就没有体育教学模式存在的必要和价值了。"体育教学模式所能够达到的教学效果是体育教师对某项教学活动在学生身上将产生的效果所作出的预先估计。"体育教学主题具体化之后就表现为体育教学目标，教学目标是体育教学模式的核心，体育教学模式的其他要素受教学目标的影响与制约。

（三）操作程序

无论是哪一学科的教学活动，其中教学的环节（步骤）就是所谓的操作程序。在体育教学实践中，操作程序主要是指在时间层面上所展开的环节（带有逻辑性）以及各环节的具体做法等。不管是何种体育教学模式，其操作程序都具有独特性，与其他教学模式不同。操作程序并不是一成不变的，但它一定是基本的和相对稳定的。

（四）实现条件

所谓实现条件，是指体育教学模式中所采用的策略和手段，它是对操作程序的补充说明，并能够使体育教师选择合理的、正确的教学方法和策略。人力条件、物力条件和动力条件三个方面是体育教学模式中实现条件的主要内容。具体就是体育教师与学生、体育教学内容与时空以及学校的基础设施等。

（五）评价方式

不同的体育教学模式，所要完成的体育教学目标不同，而且所采用的教学程序和条件也存在差异。因此，不同的体育教学模式也具有不同的评价标准和评价方式。每一种教学模式的评价标准和评价方法都是特定的，如果使用统一的标准进行评价，就会使评价失去科学性，评价结果失去说服力。例如，与标准化评价相比，群体合作教学模式的评价标准是采用计算个人和小组合计总分的评价方式。

三、体育教学模式的特性及功能

（一）体育教学模式的特性

1. 优效性

体育教学模式的建立需要有一定的理论基础作为前提条件，与此同时，体育教学实践也要通过不断地修正与补充来促进体育教学模式的构建与完善。所以，提高体育教学质量，不断对体育教学过程加以改进，不断更新与完善体育教学的各个环节，避免教学资源的浪费与缺失，是完善体育教学模式的主要着眼点。从这一角度来说，体育教学模式充分体现出了其显著的优效性特点。

2. 整体性

体育教学模式对体育教学的处理是从整体上进行的。具体来说，它不仅要明确规定教学活动中的教学主体（体育教师与学生）、教学客体（教学目标、教学内容）等主要因素的地位与作用，还要对教学物质条件、组织形式、时空条件、师生互动关系或生生合作关系等影响体育教学活动，并在教学活动中起重要作用的其他因素进行相应的说明。由此可以看出，这几乎把体育教学理论体系中的基本内容都涵盖了，因此，人们也将体育教学模式称为"体育微型教学论"。

体育教学模式的整体性特征要求人们在对体育教学模式做出正确的认识及运用时，一定要将体育教师的教学风格、学生的年龄特点、体育基础特点、课程内容特点等体育教学模式的主要要素整体全面地确定下来并熟练把握。除此之外，教学场地条件、环境条件、教学班级人数、气候特点等一些次要要素也要列入考虑的范围内，同时还要清楚地认识到它们之间的相互关系，对各环节的相互配合、相互衔接也要给予足够的重视，从而使教学模式成为系统的教学程序。这种大部分、多要素、多环节的有机组合将体育教学整体性充分体现了出来，同时也对体育教学模式并非多环节、多要素的简单堆积进行了说明，因此，体育教学模式是具有一定科学性的。

3. 针对性

无论何种体育教学模式，其建立都是针对体育教学实践过程中的某个具体问题或问题的某一方面进行的针对体育教学内容、体育教学对象、体育教学环境等不同要素所形成的体育教学模式是有很大区别的。从这一点来看，体育教学模式有其特定的教学目标和使用范围，是不能包罗万象的。

通常来说，一种模式的目标是多种多样的，而多样化目标又可以进行主、次的划分。其中主要的目标不仅是此模式与彼模式相区别的主要特征之一，同时也是人们有针对性地选用模式的一个重要依据。比如，启发式教学模式与快乐体育教学模式中都有发展学生技能、运动参与、情感方面等目标，但是，这些方面的主要目标并不是一样的，而是有一定的差异性的。具体来说，激发学生的学习潜能，使学生的运动思维得到有效的发展，从而对运动技能的学习与掌握产生积极有利的影响，是启发式教学模式的主要目标；而使学生在练习一些较为简单的体育活动动作中体验运动的乐趣，并创造性地组合一些简单的动作，体验运动成功的感觉，使其自信心有所增加，则是快乐体育教学模式的主要教学目标。

4. 简洁概括性

体育教学模式并非"复写"体育教学活动，而是在能将自己的个性充分显示出来的基础上，将教学目标、教学方法、组织形式等某一教学活动中的不重要因素省去，从理论高度简明系统地将模式自身反映出来。由此可以看出，它是对某一理论的浓缩，对实践的精简，表现出一定的简洁性与概括性。一定的体育教学模式能够将特定的体育教学思想充分反映出来。而且会在一定程度上简化教学模式的各环节，通过教学程序的方式将其展现出来，充分体现出了体育教学模式显著的简洁概括性特征。

教学模式的概括性主要体现在教学模式的表现形式、表现内容和表现种类等方面。具体来说，每一个方面的概括性都有着不同的特点，具体如下：

（1）表现形式的概括性，就是用较少的笔墨，少许的线条、符号或图表就能够将整个教学模式大致反映出来。

（2）表现内容的概括性，就是浓缩、提炼单元体育教学活动的理论或实践。

（3）表现种类的概括性，就是把具有共同特征的模式归结为一类，从而达到将某一体育教学模式的教学目标更明确地表达出来的目的；也可以在体育教学实践中使体育教师对体育教学模式有更加明了的理解与选择，从而使对多种体育教学模式相互混淆的现象得到有效避免。

5. 可操作性

这里所说的可操作性主要包括以下两个方面的内容：

一方面，体育教学模式易被教师模仿。究其原因，主要是由于教学模式不仅是教学理论的操作化，同时还是教学实践的概括化，体育教学活动在时间上的开展以及每一教学步骤的具体做法都需要教学模式提供相应的逻辑结构与思维，即操作程序。这样，教师在教学中应该先做什么，再做什么，最后做什么，就非常有条理，操作性较强。

另一方面，体育教学模式的操作程序是处于基本稳定状态的。究其原因，主要在于体育教学活动的特殊性、复杂性以及影响体育教学的主要因素不能受到精确控制。关于此，比较具有代表性的是魏书生创立的"六阶段教学论"，虽然从总体上看，教学是按照提出教学要求—组织学生自学—师生讨论启发—开展实践运用—及时做出评价—系统总结这样的程序进行的；但是运动技能类教学模式是按照教师的示范讲解—动作分解教学—学生初步练习—纠正错误动作—再次练习—动作部分的结合练习—纠正错误动作—完整动作练习—强化练习、过渡练习—掌握动作这样的程序进行的，而且教学程序不可逆转，但是，其中某些步骤可以以教学实际情况为主要依据进行压缩、省略和重叠。这充分体现了体育教学模式的可操作性特征。

虽然体育教学模式具有较强的针对性，但在不同条件与环境下开展体育教学，其产生的体育教学模式也表现出一定的差异性，也会因不同的教学指导思想和理论而表现出一定的差异性。但是一旦确立了某种体育教学模式，就可以代表一定的教学思想和理念，也就表明某特定的条件下的具体操作的稳定性和可模仿性，具体相同的理念和外在条件，便可以容易地被体育教师所模仿，这就是体育教学模式的稳定性特点。需要注意的是，随着时代的变迁，指导思想与外在条件等发生质的变化，这就要求适当调整和变更体育教学模式。由此可以看出，体育教学模式的稳定性并不是绝对的，而是相对的。

（二）体育教学模式的功能

1. 预测功能

体育教学模式是以体育教学活动中的内在规律与逻辑关系为基础的，因此，它有利于准确地对体育教学进程和结果做出判断，即使不能准确判断，也能对体育教学进程和结果进行合理估计，甚至可以建立教学结果假说。通常以某种教学模式内在与本质的规律及其现象为主要依据，来对该模式进行预测。既要注重学生在学习过程中的学习体验，也要使学生对运动技能加以掌握，从而为学生的终身体育打下良好基础。这种模式的预测功能主要体现为以下两个方面：

一方面，如果在教学过程中没有达到预期的教学目标，说明实际与预测存在一定的差距，需要进行合理、正确的调整。

另一方面，如果在教学过程中达到了预期的教学目标，则说明与事先的预测是相吻合的，证明理论与实践是相统一的。

2. 简化功能

体育教学活动有着较为显著的特殊性和复杂性特征，因此，要想取得较为理想的处理这种特殊性和复杂性的效果，需要一些简单明了的方式。图示就是这样一种方式，它能够将各系统之间的次序及其作用和相互关系较为清晰地表达出来，这样往往就能够使人们对事物有一个整体的印象。体育教学结构能够反映出各环节各要素的关系，除此之外，也能够将其组织结构和流程框架反映出来。这种结构的主要特点在于注重原则、原理，而且较为重视技能的学习。因此，从客观的角度来说，体育教学模式有着非常重要的作用和意义，与现代体育教学任务是相符的。具体来说，主要表现在以下三个方面：

第一，对体育知识、体育技术和体育技能的学习与掌握非常重视。

第二，对学生的学习目标和教师的设计方案非常重视。

第三，在充分反映教学理念的同时，对具体的操作策略也非常重视。

由此可以看出，体育教学模式具有较强的可操作性，其结构和机制也较为完整。另外，体育教学模式比抽象的理论更具体、简化，不仅与教学实际更为接近，而且它能够为体育教师提供基本操作框架，使教师明确具体的教学程序，因此较容易被教师理解、选用、操作与认可，从而受到教师的欢迎。

3. 调节与反馈功能

马克思主义唯物观认为实践是检验真理的唯一标准，因而体育教学模式是否科学也要通过实践的体育教学活动对其进行检验才能得知。体育教学模式是依据具体的教学指导思想、教学条件和教学环境来进行安排的。例如，在实际的运用过程中，如果某一种体育教学模式没有达到预先制定的教学目标，就需要具体分析教学模式操作过程中的各个环节与因素，并找出其中的利弊关系，深入地分析其原因，提出相关对策，以使体育教学活动更加科学、合理。

4. 解释与启发功能

体育教学模式的功能和作用主要表现在通过简洁明了的方法来解释相当复杂的现象。比较常见的一种体育教学模式是发展体能教学模式，这一教学模式的建立向人们展示的是整体的框架，其中文字的解释使人能够更加深入地理解教学模式。具体来说，发展体能教学模式中所蕴含的理论知识主要体现在以下三个方面：

第一，阶段性的体能目标实施与反馈控制理论。

第二，体育教学系统地、长期地发展体能的指导思想。

第三，非智力、非体力因素参与体育活动并促进技能教学的发展理论。具体来说，体能的发展是比较枯燥的，因此，如何激发发展体能的兴趣就成为一项关键性因素。需要注意的是，这一关键因素是非智力、非体力的。

除此之外，对整个教学活动来说，具体的某种教学模式的核心环节具有非常重要的作用和意义，其主要在教学目标的制定与教学过程实施的形成性评价中得到一定的体现。具体来说，主要包括以下五个方面：

第一，预先进行体能测验，实施诊断性评价。

第二，以学生的身体条件与身体素质的侧重点为主要依据来对教学单元进行合理的安排。

第三，有针对性地对单元中诸体能目标进行练习并力争达成目标。

第四，对学习效果进行总结，实施总结性评价。

第五，以评价的结果为主要依据来使矫正措施得以实施。

四、小群体体育教学模式

（一）建立背景

小群体的学习形式来源于日本的"小集团学习"理论。小群体体育教学模式是指在体育教学中，教师通过对小组教学形式的运用，将学生分为几个不同的学习小组，教师指导学习小组进行学习，各小组之间与同组的学生之间通过互动、互助、互争，来不断提高学生学习的主动性，从而提高教学效率的一种教学模式。小集团学习法起初是在其他学科中产生的，到了20世纪50年代开始应用到体育教学中。这种模式在高校体育教学中的运用不仅取得了较为理想的效果，还进一步促进了高校体育教学的发展和完善。

（二）指导思想

小群体体育教学模式的主要指导思想是在遵循体育学习机体发展和发挥教育作用的规律的基础上，通过高校体育教学中的集体因素和学生间交流的社会性作用，促进学生交往，提高学生的社会性的思想。此外，在运用这种模式的过程中，还要注意培养学生的自主学习能力，并要适应学生的个体差异表现。概而言之，小群体教学模式的指导思想具体体现为以下四个方面：

第一，有针对性地培养学生的良好品质。

第二，强调集中注意力，并要求学生相互帮助、团结，以有效地提高组内的竞争力。

第三，通过教导学生相互帮助、合理竞争，从而促进学生的身心健康和提高其社会适应能力。

第四，要在条件基本均等的情况下，使组与组之间的学生合理竞技，从而激发学生学习的兴趣，以提高学习的效果。

（三）操作程序

小群体体育教学模式的操作程序如图 5-1 所示。

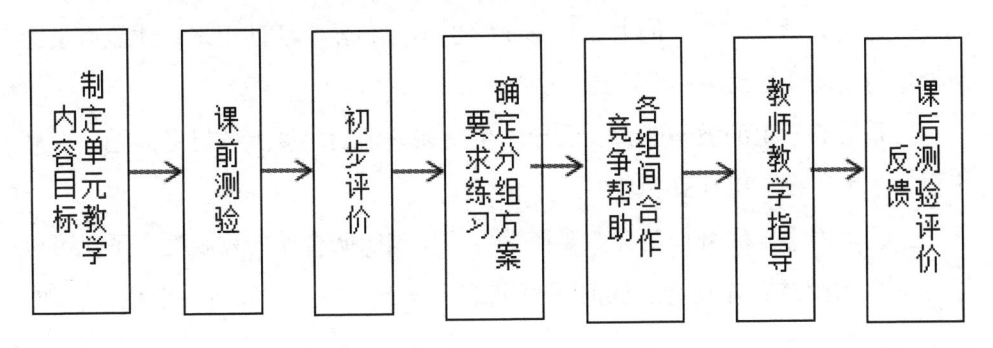

制定单元教学内容目标 → 课前测验 → 初步评价 → 确定分组要求练习方案 → 各组间竞争合作帮助 → 教师教学指导 → 课后测验反馈评价

图 5-1　小群体体育教学模式的操作程序

（四）主要优缺点

1. 优点

（1）小群体教学侧重于培养学生的团结性，既有利于充分调动学生学习的积极性和竞争性，也有利于培养和提高学生的社会适应能力。

（2）通过小群体教学，既可以提高组内团队间的合作能力，又可以提高团队与其他团队之间的竞争能力，以增强学生的竞争意识。

2. 缺点

由于小群体体育教学模式更注重培养学生的社会适应能力，所以可能导致在教学中将大量的时间消耗在这一方面，从而使得学生对教学内容的学习时间相对减少。

五、主动性体育教学模式

（一）建立背景

在现代教育中，学生是整个教学活动的主体，所以主动性体育教学模式能更好地引导学生通过思考、体验来进行交流和合作，从而进一步发展自身的社会技能、社会情感以及创造能力。在高校体育教学中，要想取得较为理想的教学效果，必须要有良好的课堂环境和氛围作为保证。因此，主动性体育教学模式在这样的环境和需求下应运而生。

（二）指导思想

主动性体育教学模式的指导思想主要包括以下四个方面：

一是培养学生的参与能力。只有使学生参与到教学活动中来，才能有机会使学生的主动性得到进一步发展。

二是培养学生的教学能力。引导学生站在教师的角度上去思考问题，有利于提升学生的教学能力和主动性。

三是培养学生的合作精神。要使学生认识到团队合作的重要性，不仅可以培养学生的团结合作精神，同时还可创造出理解、尊重、宽容、信任、合作、民主的课堂氛围。

四是培养学生的创新意识。要想发展就必须进行创新，教师应根据教学实际和学生的具体情况，有针对性地培养学生的创新意识和创造能力。

（三）操作程序

主动性体育教学模式的操作程序如图 5-2 所示。

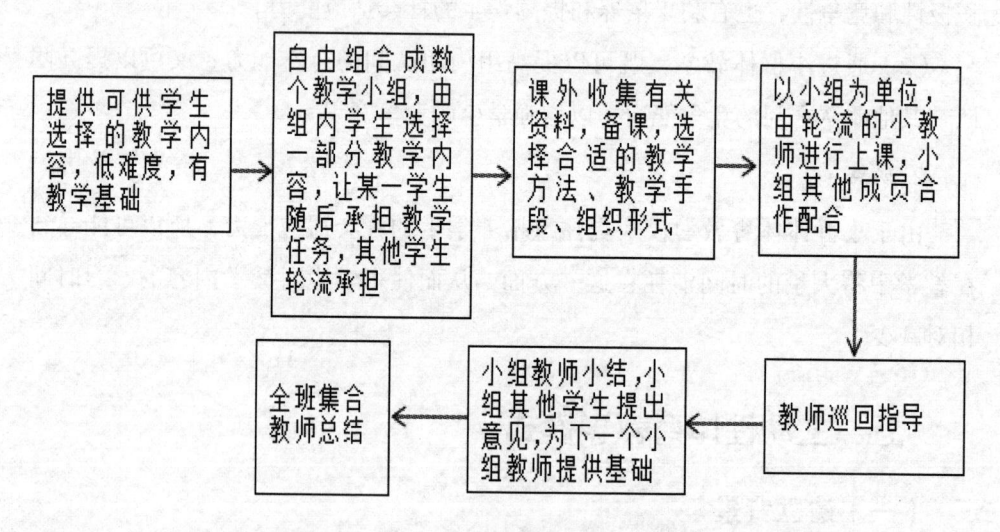

图 5-2 主动性体育教学模式的操作程序

（四）主要优缺点

1. 优点

（1）体育教学中运用主动性体育教学模式能够实事求是、有针对性地发展学生的主体意识。

（2）有利于提高和发展学生的学习主动性和自我学习能力。

2. 缺点

主动性体育教学模式要求学生有一定的自觉性基础，并且要求学生具有自我设计教学计划、教学方法、教学手段、组织措施的能力，更要求学生的自学能力要强，否则，运用主动性体育教学模式就不会取得理想的效果。

六、发现式体育教学模式

（一）建立背景

发现式体育教学模式是指通过体育教师的指导，学生能够独立地研究和发现事实与问题，从而可以更加深刻地掌握相关原理和知识的一种教学模式。这种教学模式主要强调学生的直觉思维、内在的学习动机以及教学过程三个方面。

（二）指导思想

发现式体育教学模式是教师通过适当地对学生进行引导，让他们运用主观思维积极地进行思考、独立地发现问题并解决问题的教学方式。因此，这种体育教学模式的指导思想就是在体育教学中通过遵循学生的认知规律来考虑教学过程，体现以学生为主体，以学生为中心的思想。具体来说，其指导思想具体包括以下六个方面：

其一，着重增强学生学习的积极性和趣味性。

其二，调动学生思维的主动性。

其三，在以学生为主体的前提下，对学生进行指导。

其四，在将答案揭晓之前，要让学生自己去探索问题的答案。

其五，对问题情境进行设置，并使学生投入教学情境中的过程更为自然，对学生的学习热情与积极性进行激发与鼓励。

其六，提高学生学习运动技能的效率，使学生更加深刻地领悟技能和知识，从而使记忆更加牢靠。

（三）操作程序

发现式体育教学模式的操作程序如图 5-3 所示。

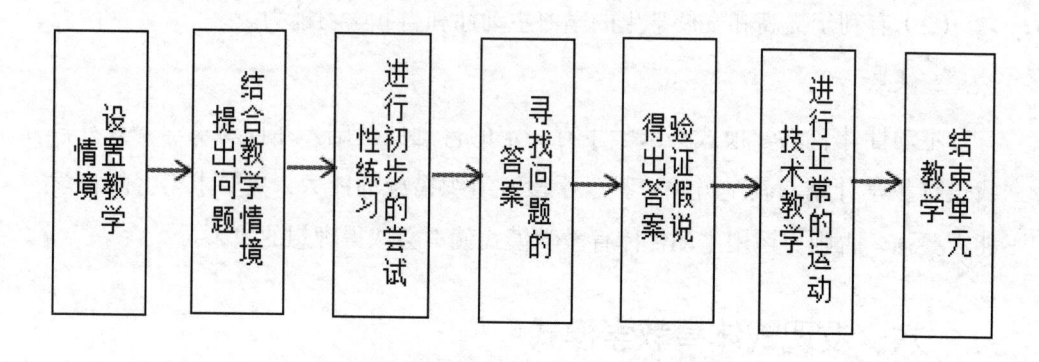

设置教学情境 → 结合教学情境提出问题 → 进行初步的尝试性练习 → 寻找问题的答案 → 得出验证答案假说 → 进行正常的运动技术教学 → 结束教学单元

图 5-3　发现式体育教学模式的操作程序

（四）主要优缺点

1. 优点

（1）发现式体育教学模式既能调动学生学习的热情和积极性，又能提高学生的学习效率。

（2）发现式体育教学模式有利于开发学生智力，提高学生智力水平。发现式体育教学模式非常重视学生的智力发展，通过在学习过程中设置问题情境，激发学生学习的好奇心，进而提高其智力水平。

2. 缺点

（1）发现式体育教学模式会在问题的提出、讨论、解决等环节占用大部分的教学时间，从而使得运动技能练习与巩固的时间相对减少，因此会对学生学习和掌握运动技能的效果产生影响。

（2）发现式体育教学模式还会受不稳定因素的影响，所以从教学模式的评价来看，无法在短时间内与其他教学模式进行比较。

七、选择式体育教学模式

（一）建立背景

在"健康第一"指导思想和新课程标准的影响下，为了更好地体现以学生为主体的教学观念，现代高校体育教学中出现了选修课。选修课的出现可以使学生在体育学习过程中依据自己的喜好和需要选择适当的项目学习。由于选择式教学模式具有较高的可行性和良好的教学效果，所以近年来在多所学校中已普遍使用，并受到体育教育工作者的高度重视。

（二）指导思想

选择式体育教学模式可以使学生自主选择的优势得到充分体现，学生可自主选择所要学习的内容、学习进度、学习参考资料、学习伙伴、学习难度等。这样不仅能够极大地提高学生的学习积极性，同时也能够将学生学习的主动性充分调动起来，从而更好地对学生的学习能力进行有效的培养。

（三）操作程序

选择式体育教学模式的操作程序如图5-4所示。

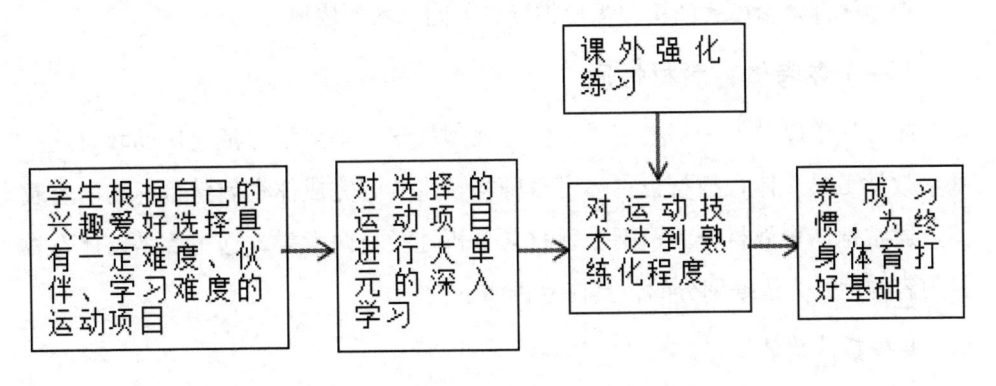

图5-4 选择式体育教学模式的操作程序

（四）主要优缺点

1. 优点

（1）学生自主选择学习内容，这不仅是学生主体地位的充分体现，而且有利于提高学生的学习兴趣。

（2）由于学生可以根据自身的兴趣和需求来选择学习内容，所以能够更好地培养学生的自觉性、学习热情、学习态度、情感体验、克服困难的意志力等，同时能够增强学生的责任感。

2. 缺点

（1）根据目前相关教学实践来看，选择式体育教学模式虽然对有运动兴趣的学生有积极作用，但对于那些暂时还没有特别兴趣的学生在选择上会导致盲目性，也就是说，这种教学模式在目前还不适用于全体学生。

（2）由于受技术难度、趣味性、运动量以及考核评价等方面的影响，学习内容可能会导致学生功利性地选择运动项目，从而使得选择内容不均等，不利于教学活动的顺利进行。

第二节　新型体育教学模式的构建

一、新型体育教学模式构建的参考依据

新型体育教学模式的构建需要把握以下四个参考依据。

（一）参考体育教材性质

体育教学以教材为基本工具，体育教师教学、学生学习都要借助教材这一基本教学工具。体育教材也是体育教师与学生共同完成体育教学目标的内容载体。通常把体育教材分为概括性教材与分析性教材两大类，这主要是以体育教材内容的性质为依据划分的，具体分析如下：

1. 概括性教材

这一类教材中没有较难学习的运动技术需要学生掌握，对概括性教材进行讲解的主要目的是使学生对体育项目有简单的了解，培养学生体育学习的兴趣，促进学生的身心健康。学生在学习该类教材时主要是注重体验乐趣、获取快乐，所以要构建并选用快乐式教学模式、情景式教学模式以及成功式教学模式进行教学。

2. 分析性教材

这一类教材中的运动技术具有一定的难度，对这类教材进行讲解的主要目的是提高学生的自主学习能力与创新能力，促进学生体育知识与技能的增长。学生在学习该类教材时注重培养学习力与创造力，所以要选择构建主动性体育教学模式、发现式教学模式以及领会式体育教学模式等进行教学。

（二）参考体育教学目标

体育教学模式构建与运用的关键是教学目标，体育教学模式需要体育教学思想与目标为其提供活力、指明方向。体育教学思想与目标也是区分教学模式的一个标准。体育教学目标在新课程改革之后有所变化，主要涵盖了四个方面：一是提高学生运动参与能力与积极性的目标，二是促进学生身心健康的目标；三是促进学生正确掌握运动技能的目标，四是提高学生社会适应能力的目标。

上述体育教学目标要求在体育教学中要构建与选用情景体育教学模式、探究体育教学模式以及成功式教学模式等进行教学。

（三）参考体育教学对象

体育教学活动离不开学生这一教学主体，体育教学活动中，学生也是其中非常重要的一个组成部分，所以要针对学生不同学期的具体情况与特点来对教学模式进行构建。

在大学时期，学生主要是接受专项体育运动教学训练，适合这一时期的体育教学模式有技能性体育教学模式，同时也要发挥体能性体育教学模式的辅助作用，所以对这两种教学模式的构建极其重要。

二、新型体育教学模式的构建原则

（一）坚持教学目标、内容、形式、结构与功能的统一原则

从本质上讲，新型体育教学模式的建构是处理好高校体育教学活动中形式与内容、结构与功能的关键问题。所以，体育教师应该对各类体育教学课堂结构和形式的功能与作用进行全面分析，并以教学目标和条件为依据对教学模式做出比较合理的选择。

（二）坚持统一性与多样性的统一原则

体育教学模式构建的统一性是指在构建和创造体育教学模式时，要继承我国体育教学思想和成功经验。

新型体育教学模式构建的多样性是指在开发和构建体育教学模式时，应尽量实现多样化，以避免单一化与程式化的不足。

（三）坚持借鉴与创新的统一原则

体育教学模式要坚持创新与借鉴的统一性。这里所说的借鉴具体是指借鉴两个方面的内容：一方面要借鉴国外的先进教学模式理论，另一方面要借鉴国内的先进教学模式理论与成功教学经验。

随着全球化趋势的加强，学校体育教学也必然要受到教育全球化的影响，因此要有机结合创新与借鉴，这样才能运用成功的经验，吸取失败的教训，不走或少走弯路。具体来说，统一借鉴与创新，就是要以正确的体育教学思想为指导，借鉴前人和他人的成功经验和理论，并通过结合教学中的客观实际，提高体育教学的效率。

三、新型体育教学模式的构建步骤

概括地讲，新型体育教学模式的主要构建步骤如下：

第一，明确指导思想，即选择用什么教学思想作为构建模式的依据，使教学模式更突出主题思想并具有理论基础。

第二，确定构建模式的目的，即在明确指导思想的基础上，确立建构体育教学模式所达到的目的。

第三，寻找典型经验，即在完成第一步的基础上，通过调查研究，寻找恰当的典型经验或原型作为教学案例，并且案例要符合模式构建思想与目的。

第四，抓住基本特征，即运用模式方法分析教学案例，对教学案例的基本特征与教学的基本过程进行概括。

第五，确定关键词语，即确定表述这一体育教学模式的关键词。

第六，简要定性表述，即对这一体育教学模式进行简要的定性表述。

第七，对照模式实施，即对照这一体育教学模式具体实践教学，进行实践检验。

第八，总结评价反馈，即通过体育教学实践验证，对实践检验的结果进行归纳总结，通过初步实践调整修正模式并反复实践以不断完善。

四、两种新型体育教学模式的构建与运用

（一）合作式体育教学模式的构建与运用

体育教学活动中，合作教学模式的运用有利于学生合作意识与能力的提高，有利于学生交往、实践及协调能力的增强，也有利于学生个性发展和终身体育意识的形成。

1. 合作体育教学模式的构建

（1）构建程序。首先，要以体育教学大纲规定的教学时间与教学内容为主要依据，对上课时间进行合理的分配与安排。其次，体育课堂教学之前，教师要做好课堂教学计划，即教案。制订教学计划时教师要加强与学生的合作，并与学生一起探讨教学方法的选用。

（2）具体实施。一是明确教学目标。体育教学过程的第一环节就是要明确并呈现教学目标，这一环节中，体育教师的口头讲解与动作示范要有机结合学生的观察体验与思考，加强师生之间的沟通与交流。二是对学生进行集体讲授。对学生进行集体授课时，体育教师要适当缩短授课时间，提高教学效率，从而留出更多的时间为下一环节（小组合作）做准备。教师要注意提高学生的学习积极性，善于运用一些新颖的问题来使学生的注意力集中到课堂中。三是加强小组合作学习。学生的学习主体性以及学生之间的沟通与交流是小组合作环节的重点，学生要在小组合作学习中积极发表自己的意见，提高自己的主动性、积极性及创新性。四是实施阶段测验。体育教师在学生学习一个阶段后，需要对各个学习小组进行阶段测验，从而对学生在这一阶段的学习情况与效果有一个初步了解。五是积极反馈。在反馈阶段，体育教师要综合评价学生这一学习阶段的具体表现。学生在小组合作学习中获取的知识比较零散，系统性很差，所以教师要正确引导学生归纳所学知识，使之成为一个系统的知识体系，便于学生掌握与记忆。小组测试也是反馈的一个重要手段，通过测试反映出学生学习的不足，从而有针对性地对其进行纠正与完善。

2. 合作教学模式在体育教学中运用的注意事项

（1）更新教学观念。合作教学模式在体育教学活动中的运用要求对传统的体育教学观念进行更新，对学生的重要性进行重新认识，重视学生的主体地位，引导学生充分发挥自身的主观能动性，尊重学生的人格，在教学中加强与学生的合作交流，并以学生的具体情况为依据进行教学。

（2）注重学生主体意识的培养。首先，体育教师在体育教学活动中要想方设法来激发学生的思维与学习热情，然后引导学生积极发现与探索新问题、新情况。在引导过程中，注重学生自主意识和独立能力的培养。其次，教师要注重自身的引导作用，通过提问、质疑等手段，引导学生把注意力集中到课堂教学中。最后，教师主导性的发挥要以实现体育教学目标为出发点，倘若没有从教学目标出发，就谈不上学生主体性的培养了。

（二）启发式体育教学模式的构建与运用

启发式体育教学模式指的是在体育教学活动中，教师以体育教学目标、教学规律以及学生的认知水平和年龄特点为主要依据。通过采取各种教学手段来引导学生独立思考、积极主动地获取知识、解决学习问题的过程、解决教学中出现的问题、提高体育教学的质量以及促进学生体育学习积极性的发展是启发式体育教学模式的实质。

1. 启发式体育教学模式的构建

（1）对问题情境进行创设。体育教师在对问题情境进行创设时，要具体以体育教材的特点和学生的客观实际为依据。在创设问题情境的过程中，体育教师不仅要解决学生在学习中出现的问题，更要采取一定的方法与措施来引起学生的好奇心，使其主动提出疑惑并积极思考和解决疑惑。这样有利于学生学习热情的充分调动，有利于提高学生逻辑思考与客观分析及解决问题的能力。

（2）采用直观教学手段。体育教师在对学生进行启发的过程中，要尽量采用直观的教学方法手段，减少抽象概念的使用。直观手段具体是指多媒体、录像、图片等直观教具的使用。直观教学方法有利于学生学习兴趣的激发与提高，有利于学生以最为简单的方式清晰地掌握学习内容。

（3）采用多样化的练习手段。体育教师在引导学生进行练习的过程中，要以体育教学任务、目的和要求为主要依据,并要善于采取一些有助于启发教学的练习方式作为辅助学习的手段。除此之外,体育教师还可以以教材内容为依据对多样化的练习手段加以运用,以此来促进学生学习兴趣的提高,同时也能够增强学生的学习效果。

2. 启发式教学模式在体育教学中运用的注意事项

(1)对教材重点与难点有所明确。体育教材重点是学生要掌握的关键内容,教材难点是学生不容易掌握的教材内容。教师运用启发式教学模式进行教学时要以教材重点为中心,通过口头叙述、动作示范等各种教学方式来引导学生对教材重点内容的思考。体育教师也可以针对重点动作做一些生动、逼真的模仿,这样学生也能比较容易地掌握教学内容。除此之外,教师也要重视学生的身心特点、认知能力和学习基础,遵循四大施教的教学原则,从而使每个学生的学习效率都能得到保障。

(2)对多元评价体系进行科学构建。评价学生的学习过程或结果主要是为了总结学生的学习效果,对学生学习体育起到一种督促与激励的作用。合理的评价有利于提高学生学习的积极性和主动性。评价的实施步骤具体为:评价标准的确定—评价情境的创设—评价手段的选用—评价结果的利用。评价讲究合理,不要求过于呆板地、严格地对应标准答案,根据具体情况保留一定的评价空间。教师在对学生的学习技能做出评价的同时,也要引导学生进行自我评价或学生之间互相评价。

第三节 体育教学模式的发展走向

一、体育教学模式创新与发展的集中点

目前常见的体育教学模式是有限的,但随着体育教学改革的不断推进和创新,还会有更多的教学模式不断出现,并且在体育教学中得到应用。而关于未来体育教学模式的发展,其发展集中点主要表现在以下三个方面。

(一)保留演绎型教学模式

教学模式形成的方法主要有由概括实践经验而形成的归纳法和逻辑生成的演绎法两种。从一种思想或理论假设出发设计而成的一种教学模式,就是所谓的演绎教学模式。其中,20世纪50年代以后产生的教学模式大都属于这一类型。演绎教学模式是从理论假设开始的,形成于演绎,其对科学理论基础非常重视。演绎教学模式的这一特点不仅为人们自觉地利用科学理论做指导提供了一定的可能,而且为主动设计和建构一定的教学模式来达到预期目的奠定了一定的基础。由此可以看出,演绎型的体育教学模式的发展是教学模式发展的一个重要趋势,是与教学理论的发展和研究方向相符的,因此改革中要注意保留演绎型的体育教学模式。

(二)重视学生的主体性

传统的教学模式对教师的主导作用的重视程度比较高,但其将教学过程片面地归结于教师的教,而忽略了学生的学。这就使得学生在教学过程中处于被动地位,对学生主观能动性和能力的培养产生了一定的阻碍作用。

随着以学为中心教学理论的发展,传统意义上的师生关系有了较大程度的变化,他们的地位和作用也有了一定的改变。"教师中心论"逐渐被"教师主导学生主体论"取代。在这种新的教学观的影响下,体育教学模式也发生了一定的改变。具体来说,主要改革趋势为由教师中心教学模式向教师主导学生主体的教学模式转变。教师主导学生主体的教学模式,对于学生创新能力、自学能力和探索能力的培养较为有利,能够在一定程度上调动起学生学习的能动性和积极性。除此之外,还需要强调的是,这与现代人才的培养理念是相符的。因此,可以将其作为体育教学模式的一个重要的改革方向。

(三)注重学生能力的培养

现代社会科学技术发展迅猛,知识增长迅速,终身教育的普及以及竞争压力的不断加大,都对人们的能力提出了更高的要求,单一的知识积累已经不能满足当今社会的需求。因此,在体育教学过程中,必须在教学模式上进行一定的改进,只有这样,才能更好地培养学生的运动能力、一般能力、创造能力、自学能力和社交能力。

二、体育教学模式的发展趋势

（一）理论研究的精细化

研究体育教学理论，其目的既在于更好地指导体育教学实践，也在于对体育教学实践起到总结的作用。如果没有理论研究，又或是缺乏体育实践，那么整个体育教学就会失去意义。因此，必须将体育教学的理论研究与实践研究相结合，来加强理论研究的力度与成效。具体而言，其具有以下发展趋势：

其一，与其他理论相同的是，体育教学模式的研究必将从对一般教学模式的研究走向学科教学模式的研究，再到课堂教学模式的研究。

其二，对体育课堂教学模式的研究趋向于精细化，这包括学期教学模式、单元教学模式、课时教学模式。精细化是体育教学模式研究的必然趋势。

（二）教学目标的情意化

教学实践研究表明，智力因素和非智力因素对学生的学习活动起着非常重要的作用。现代体育教学模式的不断发展也逐渐对传统教学活动中过于强调智力因素，而忽视非智力因素的作用等状况进行了改善，并取得了良好的效果。现代体育教学模式的目标在使学生增长知识、培养学生能力的同时，更加注重人格教育、品德教育、情感教育与知识教育的结合。随着人们对人本主义心理学越来越重视，学生的情感陶冶也开始备受关注。许多高校已将情感活动作为心理活动的基础，并对学生独立性、情感性和独创性进行了更加全面的培养。例如，情景式体育教学模式和快乐式体育教学模式通过问题情境的创设，提高教学过程的新奇度与趣味性，使学生的学习兴趣得到有效激发，从而产生一种强烈的学习动机，这种动机下学习和掌握体育知识技能带有很强的情意色彩。

（三）教学形式的综合化

体育教学形式的综合化是指体育教学模式向着课内和课外一体化方向发展。由于受时间的限制，课内的时间不能充分培养和发展学生自动化的运动技能与锻炼身体的习惯。这就需要在教学中安排充足的课外时间进行练习和巩固，而课内的主要任务就是学习新知识并针对错误的动作做进一步改进。只有这样，才能使学生更加熟练地掌握运动技能，实现个体运动技能的自动化。但从目前情况来看，我国各高校对课外体育活动的重视程度相比于体育课本身要弱很多，有的甚至处于放任自流的状态，这对体育教学效果有着非常严重的影响。

从体育教学模式发展的角度来看，由于目前对课外体育活动的不够重视，使得有关这一方面的研究也受到了很大的影响。"课内外一体化"教学模式下，虽然设计了课内与课外相结合的教学，但在实际的运用过程中还不够成熟，也没有形成明确的操作模式。因此，目前并没有将其列入现有的体育教学模式体系中。只有当这种模式的理论与实践发展成熟后，其才能成为一种重要的体育教学模式。

（四）教学实践的现代化

随着现代教育和科技的快速发展，高校体育教育在教学手段方面也得到了很大程度的突破，各种教学实践活动呈现出较为明显的现代化特点，并逐渐实现了对传统体育教学方法的改革和创新。在现代体育教学活动中，先进技术产品和手段的运用也在很大程度上提高了体育教师的授课效率，同时进一步增强了学生的学习兴趣，调动了他们主动学习的积极性。目前，现代体育教学模式已经开始与现代教学技术手段相融合。由此可以看出，在体育教学模式中引入和运用先进的技术手段是其发展的必要趋势。

（五）评价标准的多元化

体育教学模式不同，其评价的方式也会有所差异。随着现代教育改革的不断深入，体育教学模式也发生了较为明显的变化。采用单一的评价方式将很难对某一体育教学模式的科学性做出全面、客观的反映，这就要求在评价时要采用全面的评价方式，所选择的评价指标也必须多元化。

传统的体育教学模式过于重视结果评价，而忽视对学生学习和实践过程的评价，这就使得学生的学习兴趣、爱好、情感反应等方面都很难得到全面的体现和反馈。而现代的体育教学模式则逐渐摆脱了单一的终结评价方式，开始重视学生的学习过程评价、单元评价以及学生的自我评价等。

第六章 体育教学模式改革与创新

第一节 体育教学模式理论与发展

一、体育教学模式的概述

（一）体育教学模式的观念界定和结构

1. 教学模式

教学模式是按照一定原理设计的一种具有相应结构和功能的教学活动模型。教学模式综合考虑了从理论构想到应用技术的一整套策略和方法，是设计、组织和调控教学活动的方法论体系。教学模式在前人成果的基础上将会有新的发展。"教学模式"一词最早是由美国学者乔伊斯和韦尔等人提出的，他们认为教学模式是"试图系统地探讨教育目的、教学策略、课程设计和教材以及社会和心理理论之间的相互影响，以设法考察一系列可以使教师行为模式化的各种可供选择的范型"。

纵而观之，当前国内大致有以下几种观点：结构论、过程论、策略论、方法论等。笔者认为，其相同点是都指出了教学模式的稳定性特点，不同点在于一个定义确定教学模式是某种"结构"，一个将其视为某种"方法"。

因此，要揭示教学模式的本质，须从其基本概念"模式"谈起。模式的概念涉及人的两方面行为：一是对事物的稳定的认识，二是对事物的稳定的操作。前者构成认识模式，后者则构成方法模式。所以，认识模式和方法模式才应当是教学模式的两层基本含义。由此可见，教学模式是教学形式与方法的统一体，其中"过程的结构"是"骨骼"，"教学方法体系"则是"肌肉组织"。

2. 体育教学模式

我们把体育教学模式的概念定义如下：体育教学模式是蕴含特定体育教学思想，在特定教学环境下实现其特定功能的有效教学活动结构和框架。教学模式是对教学经验的概括和系统整理，教学实践是教学模式产生的基础，但教学模式不是已有的个别教学经验的简单呈现。同时，教学模式被看作沟通理论与实践的桥梁，既能用来指导教学实践又能为新的教学理论的诞生和发展提供支撑，其在两者中起中介的作用。根据对教学模式的认识可知，与其他学科教学相比，体育教学是一个比较复杂的教学过程。它与学习过程、游戏过程、训练过程等有着密切关系，因此认知的规律、身体锻炼的规律、技能形成的规律、竞赛规律等都是体育教学过程中必须遵循的规律，体育教学模式也必须反映这些方面的特点。

3. 体育教学模式的结构

体育教学模式的构成要素主要有五种，详细内容如下：

（1）教学思想。教学思想是构成教学模式的核心因素，也是其灵魂所在，体育教学模式构建时所应具备的理论和思想就是教学思想。也可以理解为，教学模式是需要以教学思想为理论支撑的，不同的教学思想理论会构建不同的教学模式。比如，1980年我国构建的愉快教学模式就是以同时期学生的实际需求为基础的，提高了学生的参与度，激发了他们的参与热情，与此同时，还助于他们养成终身体育的良好习惯。

（2）教学目标。体育教学模式存在的意义就是促进教学目标的完成。倘若没有教学目标，那么体育模式的存在也毫无意义。体育教学模式所能够达到的教学效果是体育教师对某项教学活动在学生身上将产生的效果所做出的预测。体育教学主题的具体编写就是教学目标，教学模式是围绕教学目标存在的，同时教学目标会对教学模式的其他构成要素起到限制的作用。

（3）操作程序。操作程序就是教学活动中的环节和流程。体育教学工作中，按照时间顺序逐次进行的逻辑步骤以及各个步骤的具体执行方法就是操作程序。不管采用何种教学模式，操作程序都具有独特性。此外，操作程序并不是固定存在、毫无变化的，总体而言，它具有相对稳定性。

（4）实现条件。实现条件是对操作程序的补充，它主要就是教学模式中具体使用的方法和策略。实现条件主要有人力、物力、财力三方面的内容。进一步来说，也可以理解为教师与学校、教学内容与时空以及学校所具备的设施设备等。

（5）评价方式。不同的教学模式适应不同的教学目标，并且在使用的程序和条件方面也是不尽相同的。所以，每一种教学模式都有与之相对应的评估准则和方法，并且相对应的评估准则和方法都是独立存在的。在实际的教学过程中，是不会采用完全相同的评判准则的，因为会造成评估结果缺乏合理性和科学性。

（二）体育教学模式的特点和功能

1. 体育教学模式的特点

随着体育教学理论研究和教学实践的深入开展，出现了各种各样的体育教学模式。尽管体育教学模式的种类繁多，但它们都具有以下五个基本的特征：

（1）整体性。教学模式是由教学思想、教学目标、操作程序、实现条件、评价五个要素构成的有机整体，必须从整体上把握其理论原理。

（2）简明性。教学模式是简化了的教学结构理论模型，被称为"小型的教学理论"。

（3）操作性。教学模式区别于一般教学理论的重要特点即它的可操作性。

（4）稳定性。体育教学模式的确立实际上标志着新型的体育教学过程结构的确立，既然是结构就必然有相当的稳定性。

（5）开放性。一种教学模式形成以后并不是一成不变了，而是要在实际的操作过程中不断加以修正、补充、完善，使其针对性和应用性更强。

2. 体育教学模式的功能

体育教学模式主要有以下功能：

（1）中介功能。体育教学模式的"中介"功能是指它既是一定的体育教学指导思想、体育教学相关理论的具体体现，又能为体育教师提供具体的操作程序和操作策略。教学模式是教学理论研究和教学实践之间的一座桥梁。

（2）调节与反馈功能。实践是检验真理的唯一标准，根据具体的教学条件、环境和具体的教学指导思想而安排的体育教学模式最终要受到实践的检验。

（三）体育教学模式的建构特性

近年来，体育教学理论有新的突破性进展，如何对在不同教学思想指导下的各种教学方法、教学策略进行比较、剖析，以及选择适当的教学方法进行教学，从而达到教学效果的最优化成为当今体育教学改革的一项重要任务。建构一种教学模式需要有一定的规范和基本要求。从它的形成过程看，既包括了理论通往实践的具体化过程，也包括了体验通往观念的概括化过程。因此，它既不同于目标和理念，也不同于一般的工作计划。它相对稳定但又变化多端，形成了模式多元化、多样化的局面。

新型体育教学模式的特征：近年来，由于人们对教学模式的普遍关注，在各级各类书刊、杂志上出现了各种各样的体育教学模式，有的还在探索实验阶段，有的甚至只是改头换面地搬用了其他教学模式，这是在教学模式过程研究中不值得提倡的。构建新型体育教学模式体现以下几个方面的特性：

（1）新颖性、独特性。体育教学理论、教学思想是体育教学模式的灵魂。

（2）稳定性、发展性。稳定性是教学模式形成的一个重要标志，对一个成熟的教学模式而言，都必须有相对稳定的理论框架和操作程序。

（3）多元性、灵活性。多元性、灵活性是当前教学模式研究和发展的一个主要趋势。

因此，在构建新型课堂教学模式时应注重统一性与灵活性相结合，建立多元的新型课堂教学模式。体育教学模式不同于教学方法，它具有一个相对稳定的教学结构。而体育教学模式构建的基本要素在构成体育教学模式中具有不可或缺、不可替代性的特点。

教学模式应至少包括以下几个基本要素：

（1）教学目标。教学目标是教师对教学活动在学生身上所能产生效果的一种预期估计，是进行体育课堂教学设计、进行体育课堂教学活动的出发点和归宿。教学目标既要考虑到学生智力因素的培养，又要考虑到学生非智力因素的培养。

（2）操作程序。成熟的教学模式都有一套相对稳定的操作程序，这是形成教学模式的本质特征之一。设计由易到难、由简到繁、由基础到综合的教学程序，既可以适合不同水平的学生，又能激发学生的体育兴趣。

（3）实施条件。任何一种教学模式都不是万能的，有的适合某一类课型，有的适用于几种不同的课型。不可迷信某一种单一的教学模式，应适当变更、调整教学模式，发挥自己的特长，为己所用。

二、我国新型高校体育教学模式的建构

（一）新型体育教学模式的理论基础

1. 新型体育教学模式的现代课程论基础

教学属于课程中的一部分，所以建立教学模式必须以一定的课程理论为基础。现代体育课程理论基础：

（1）体育课程目标实现多元化。体育课程目标不仅要把增强体质、提高健康体质作为首要目标，还要注重培养学生体育文化素养，同时强调学生个性和创造力的培养，并主张结合体育课程内容的特点，把道德教育和合作精神的培养融合在体育教学过程之中。在时间上，通过体育课程，不仅要完成学生在学校期间体育知识的传授和技能的培养任务，还要培养学生对体育的能力、兴趣、习惯，为其终身参加体育活动打下基础。

（2）课程内容注重学校体育主体需求。随着社会的发展，学生对体育的需求呈多元化态势。课程内容只有满足了学生需要，才能激发学生兴趣，形成稳定的心理状态，从而实现终身体育。一是要重视传授终身体育所需要的体育知识，主要包括体育基础知识、保健知识、身体锻炼与评价知识等。二是竞技运动项目的教材化。

（3）现代体育课程论与新型体育教学模式。20 世纪 60 年代以来课程理论出现过两次世界性的变革：一是学科中心课程论。二是人本主义课程观。我国体育课程的体质、技能、技术教育思想都是学科中心课程在体育课程中的反映，至今仍影响着体育课程的改革。

①新型体育教学模式的目标取向。教学目标受课程目标影响，没有新的课程目标就不可能有新的教学目标。新型体育教学模式的目标不仅要求有运动技能目标，还要求有情绪、态度、能力、个性等目标。

②新型体育教学模式的价值取向。重视全体学生全面发展和个性培养相统一。学生发展离不开体育学科内容的学习，学生通过体育学习发展自己。

③新型体育教学模式的教学设计思想。课程的问题中心设计模式是新型体育教学模式设计的模式基础。问题来源于学生的发展需要和教学内容的需要。在教学设计中，要让学习者作为一个完整的个体参与到教学中来，让学习者在解决问题中学习掌握学科内容。

2. 新型体育教学模式的现代教学论基础

教学论有许多流派，如探究发现教学理论、情感交往教学理论、认知教学理论、建构教学理论等。下面简要列举一些对建构新型体育教学模式有支撑作用的观点。建构主义教学观认为，教学的目标是充分发展学生的主动性、自主性和创新性，教学目标之一是培养"能够在现实的生活世界中应用知识的能力"。用通俗的话说，就是学会学习，并能调控自己的学习。建构主义与以往的教学理论相比，更加突出表现出了三方面的重心转移：从关注外部输入到关注内部生成，从"个体户"式学习到"社会化"的学习，从"去情境"学习到"情景化"的学习。现代教学理论与新型体育教学模式：综观各个教学理论流派的观点，其共同之处便是对"主体性"的追求。其中，学生的自主性主要指学生的自我意识与自我能力，包括学生的自尊、自爱、自信、自觉、符合实际的自我判断、积极的自我体验和主动的自我调控等。创造性是学生在主动性和自主性发展到高级阶段的表现，它包括创造的意识、创造的思维和动手实践的能力。教师的教是外因，学生的学是内因，外因通过内因起作用。教学中尊重差异，才能使教育恰到好处地施加于每一个学生，才能发挥学生的主体作用。

（二）新型体育教学模式的性质与设计

1. 体育教学模式的基本属性

根据对各种先行研究的归纳，提出体育教学模式的几个基本属性：理论性、稳定性、直观性和评价性。

（1）理论性。理论性指任何一个比较成熟的体育教学模式都必定反映了某种体育教学指导思想，都是一种体现了某个教学过程理论的教学程序。

（2）稳定性。一个体育教学模式的确立实际上是一个新型的体育教学过程结构的确立，既然是结构，就必然有相当的稳定性。

（3）直观性。直观性也可称为可操作性，任何一个新体育教学模式的建立都意味着它和以往的任何体育教学模式都是不同的。这就使人们可以根据其特定的教学环节和独特的教程安排来判断其是不是属于此种教学模式。

（4）可评价性。所谓可评价性是指任何一个相对成熟的教学模式的确定，必有着与其整个过程相应的评价方法体系。因此，任何一个教学模式都应可以对实施这个教学模式的教师给予明确的教学评价，这不仅是对该教师教学模式理解程度的评价，也是对教师参与、认识和学习能力进行系统评价。

2. 新型体育教学主导模式的设计思想

在实践中可以发现，发挥学生主体性的教学，特别是自我意识的形成，总是从他控到自控、从不自觉到自觉、从缓慢提高到自我监控的飞跃。在学习过程中，教师应引导学生学会树立自己明确的可行的学习目标，帮助学生制订切实可行的学习计划，反馈和调整计划的行为使之成为自觉，并创造条件提高学生自我检查和评价的能力。

新型体育教学模式应具备如下特征：

（1）在教学指导思想上，将把社会需要的体育和青少年儿童需要的体育结合起来，以实现体育教学中满足社会需要与促进学生个性发展的和谐统一。

（2）在教学目标上，将围绕着21世纪对人才培养的需求、青少年儿童身心特点等，加强对学生能力的培养。

（3）教学程序中，逐步融入运动系统论的思想，让学生充分体验运动学习中的乐趣；引导学生充分理解和参与学习过程；改变过去教师规一化、统一化、被动性、机械性的做法；在教学方法上，以主体性教学观为视野，提供个别化和个性化的教学方法；在教学评价上，将以学生生动活泼的学习、个性充分发展、兴趣习惯能力养成、主要学习目标的达成等目的为基准。

（三）体育教学模式整体优化研究

1. 体育教学模式整体优化的原理和原则

系统科学整体优化原理：按照系统科学理论的思想和观点，任何事物、过程都不是各自孤立和杂乱无章的偶然堆砌，而是一个由各个部分组成的合乎规律的有机整体，而且它的整体功能要大于各部分功能之和。

体育教学模式整体优化的原则：

（1）整体性原则。用整体的观点考察体育教学模式，有助于我们在教学实践中科学地把握体育教学模式的结构和活动环节。

（2）综合性原则。体育教学内容的执行和体育教学目标的实现均建立在优选的体育教学模式基础上才能完成。

2. 体育教学模式整体优化的内容

影响体育教学模式结构的因素很多，包括教学思想、教学内容、教学程序、教学方法、教学条件等因素。在诸多的因素中选择了教学内容作为逻辑起点与突破口，并对多元体育教学模式进行优化。

（1）根据不同教学思想优化体育教学模式。体育教学思想是制定体育教学模式的灵魂，不同的体育教学思想赋予了具体教学模式生命力，使教学模式有了明确的方向盘，并最终去完成它预期的目标。为使教学思想条理化、明确化，使之从整体上符合学校体育指导思想的大方向，可以根据教材内容的不同性质，把它分为精细教学型内容、介绍型内容。

因此，这类教材的教学模式应以情感体验类模式和体能训练类模式为主，让学生在无技术难度的宽松条件下，一方面提高身体素质，加大运动负荷，可选择训练式教学模式、自练式教学模式等；另一方面通过快乐学习、成功学习，体验运动的乐趣，可选择快乐体育教学模式、成功体育教学模式等。

（2）根据单元教学不同阶段优化体育教学模式。在精细教学类内容中，大纲规定了各个项目的学时，以确保各个运动项目单元教学任务的完成，并使学生能熟练掌握几项运动技能。在单元练习的最后一个阶段，由于学生基本掌握了所学的运动技能，故应进一步重复练习和巩固，并注意动作的细节问题，因而在此阶段应以选择能力培养模式为主。

（3）根据不同的外部教学条件优化体育教学模式。体育教学的条件分为两类：第一，一些固定的硬件；第二，不固定的硬软件。

（4）根据学生基础优化体育教学模式。教师是教学活动的主导，学生是教学活动的主体，主导与主体因素构成了体育教学活动的主要因素，因而在选用教学模式时，也要考虑到师生的具体情况、具体特点。

第二节 体育合作学习教学模式

一、合作学习教学模式概述

(一)合作学习教学模式的概念及原则

1. 概念

合作教学是一种与权力主义、强迫命令的教学观相对立的新的教学观。它是由当代格鲁吉亚杰出的儿童心理学家、教育家阿莫纳什维利提出的。合作教学实验的显著特点是从尊重儿童的人格与个性出发,建立新型的师生关系,将学生在游戏中固有的自由选择和全身心投入的心态迁移至教学过程中去,从而在师生真诚的合作中实现教学目的。

体育合作学习模式是在教学理论和实践中发展形成的、用以组织和实施具体教学过程的、相对系统稳定的一组策略或方法。体育教学模式是体现一定教学思想,并具有相对稳定的教学过程结构和教学方法体系的教学程序。合作学习是两个或者多个个体为了实现共同的教学目标而结合在一起的,在小集体范围内进行思维碰撞、相互质疑、辩驳,从而取得共识、获得知识、发展思维、培养能力的一种学习模式。体育合作学习教学模式是指在教师的指导和学生的参与下,运用运动的手段,利用适宜的条件,创造一种较为复杂的运动环境,使学生通过个人的努力或与同伴进行合作学习,克服困难、完成任务,促进学生交流与协作意识双重发展的一种教学形式。

2. 基本原理

(1)教学过程的发展性原理。合作教学认为,每个学生都具有无限的潜力和可塑性,教学能最大限度地发挥儿童的潜能。

(2)教育过程的人性化原理。合作教学提出教师要做到以下三方面以保证人性化的贯彻与实施:第一,热爱学生;第二,使学生的生活环境合乎人性;第三,在学生身上重温自己的童年。

(3)教学过程的整体化原理。教学过程就是要发挥学生的自然力与生命力。

（4）教学过程的合作化原理。在现实社会中，常常会发生学生希望成长，但也想玩；愿意学习，但不想失去自由的现象。因此教师就要做到与儿童合作并从儿童的立场出发组织教学。

3. 方法

合作教学需要有一种能激发儿童兴趣的师生关系和一套能鼓励儿童自愿参加教学活动的方法。具体方法如下：

（1）教会学生思考。教学中，教师可以在学生面前一边出声地思考，一边解题，让学生耳闻目睹教师的思维和解题过程；或教师鼓励学生怀疑、反驳、论证此课题。

（2）"夺取"知识。合作教学认为，教师不应把知识填入学生的头脑，而应当与教师"夺取"知识，并在这种"搏斗"中体会成功的快乐。

（3）充分利用黑板，合作教学认为板书是师生双方交流的主要手段。

（4）说"悄悄话"。说"悄悄话"是课堂提问的一种特殊方法。不论答案对与错，都由教师给予奖励、安慰等评语，有利于保护儿童的积极性与自尊心。

（5）由学生当老师。合作教学认为，教师应当像演员一样，在教学中与学生一起做游戏，使儿童感到自己所做的是自己愿意干的重要事情。

4. 体育合作学习的心理分析

苏联教育家霍姆林斯基曾说："没有这种自我肯定的体验，就不可能有对知识的真正兴趣。"在体育合作学习中，每个学生既充当学习者，又担当教师角色，每个学生在此过程中均有表现的机会，个人成就感和表现欲得到了一定满足。这种良好的学习体验会形成一种良好的心理感应，进一步激发学生的学习兴趣和求知欲望，并由此强化小组间的凝聚力，形成学生小组间踊跃参与的合作行为。从学生的体育学习心理看，大多数学生喜欢在宽松、有序的环境下进行体育活动，体育教学应该尊重学生这一心理特征，并为学生自主学习创设宽松、自由的学习环境，以培养学生体育学习上的组织能力，从而实现由"要我学"到"我要学"的转变。

5. 体育合作学习模式的误区

体育课堂学习中学生之间的交流与协作，是集互动条件的共同利益与群体智力的合作和情感连锁反应。任何形式的体育合作学习教学模式都是有具体的、明确的小组和个人教学目标的，都是为完成集体和个人目标而设定的，也都是围绕着各类目标的达成而展开的。许多教师认为，体育合作学习教学模式与传统教学仅仅是在教学形式上不同。搞体育合作学习教学模式，不过是把学生重新编组，把学生分成一些小组，然后把原来的全班体育教学改为小组体育教学而已。这种简单化的想法常常导致许多教师按照原来的方式进行体育教学，这成为体育合作学习教学模式流于形式的一个主要原因。

（二）合作教学模式的理论依据

人本主义教育思想。以马斯洛为代表的人本主义心理学所主张的教育思想，对当代学校教育产生了广泛的影响。它强调"以人为本""以学生发展为中心"，重视人的个性需要、价值观、情感、动机的满足，从满足主体生存需要的角度来发展学生的潜能。

人本主义教育思想在学科教学中体现的就是主体性教学思想，在教学过程中充分发挥学生主体作用，最大限度地调动学生的自觉性、积极性、创造性。体育是"人"的体育，是人类文化的积淀，也是人类精神的乐园。体育学习是学习者认识自我这个主体，尤其是对自我身体运动的认识，主动变革其身心的特殊的认识和实践过程。

学校体育是为终身体育奠定基础的体育思想。该思想强调学校体育要为人们的终身体育服务，要为终身体育打好身体、技能和兴趣与习惯等基础，学会自主学习和锻炼，具有自主学习、自主锻炼和自主评价的能力等。认为运动兴趣和习惯是促进学生自主学习体育和终身坚持体育锻炼的基础，体育教学应基于参加者的需要、兴趣等。因此，培养学生的自我体育意识是实现终身体育的核心问题。无论有无他人的协助，一个人或几个人都能主动地诊断自己的学习需求，建立学习指标，确认学习所需要的资源，并评价学习成果，这种方式便是自主学习。

合作学习是指在自主学习的基础上，学生在小组或团队中为完成共同的任务，有明确的责任分工的互助性学习，通过合作可以产生更多的灵感，获取更大的收益，得到更好的体验。体育学习正需要自主、合作的学习方式，由于学生存在着身体、技能、兴趣和爱好等异同，体育教学应给学生更多的自主、合作学习的机会，让学生学会自主地、生动活泼地与同伴合作学练体育，最终达成学习目标。

学生的学习是被教师承包的，教师从备课、上课到布置作业全都是教师根据自己设想的如何教而设计的，设计的思想及动机学生一概不知，学生就是被动观察、模仿、训练或练习，他们越来越没有激情，越来越依赖教师，离不开教师。因此，要让学生做自己学习的主人，学会自主合作学练体育，就必须有一种适合自主合作学习的教学模式，使学生把握自己的学习，而不是由教师驾驭学生的学习。构建的方法：依据人本主义教育思想、终身体育思想和自主、合作学习理念，我们运用演绎法建构了自主—合作体育教学模式的过程框架，然后通过在高校公共体育课和高中体育课教学中进行试验、修正，并逐步完成体育教学模式的构建。

二、合作体育教学模式运用与检验

（一）适用范围与教学原则

1. 适用范围

我们认为自主—合作体育教学模式需要学生具有较强的自我控制和自我管理的能力，根据体育教学要适应学生身心发展规律，我们利用自身教学的有利条件，在高校公共体育课和中学体育课教学中进行了实践，确定了自主—合作体育教学模式最适合的范围是高中生和大学生体育课。

2. 教学原则

教学原则是保证教学效果的基本要求，运用自主—合作体育教学模式。除了应遵循一般的体育教学原则外，还应把握以下原则：

（1）自主性原则。教师应尽量设法提高学生学习的自主性。

（2）情感性原则。自主—合作体育教学模式更应重视情感教学，教师富有人情味的教学可以促使学生更自觉地趋向学习目标。

（3）问题性原则。教学必须带着问题走近学生，问题设计要针对学生的实际，要科学地运用教育学、心理学的理论分析课堂教学的各组成因素。

（4）开放性原则。其主要包括三个方面，一是课堂教学形式要有开放性；

二是课堂问题设计要有开放性；三是由点到面、由此及彼去解决学习问题。

3.运用自主—合作体育教学模式应注意的问题

（1）教师要有足够的耐心和勇气。刚开始运用不懂得如何进行自主学习、合作学习，表现出茫然、不知所措、不适应这种教学模式，这是很正常的。教师的耐心就表现在教师要敢于"浪费"时间，以足够的耐心和勇气指导学生逐渐学会自主、合作学练体育。

（2）关注学生已有的经验，重视问题情境的创设。学生的已有经验是影响自主合作学习的重要因素之一。一般地说，上课伊始应创设一些与学生已有经验相近的"问题"或"情境"走近学生，进行一些相对简单的身体活动、思维活动，再把"问题"不断引向深入，促使学生在练习中思考。

（3）精选和改造教材内容，激发学生学习兴趣。因此，如何精选和改造教材内容以激发学生学习兴趣，需要任课教师下大功夫去研究。

（4）学会做一个积极的观望者，适时适当地介入学生的活动。自主合作体育教学模式强调的是学生自主学习、合作学习，但"自主"不等于教师不引导，不参与。因此，教师如何做一个积极的"观望者"，适时适当地介入和指导学生的活动，既不能过多地干扰学生的学习过程，又要能在学生需要指导和帮助时发挥作用，这是非常重要的。

（二）合作体育教学模式的意义

首先，"合作学习教学模式"以尊重的教育理念为指导思想，符合现代教学理论的基本要求，其实验研究从时代特征和学生的特点出发，具有一定的现实意义。其次，"合作学习教学模式"有效地利用系统内部的互动，使教学资源得到开发和利用，提高了学生的参与意识。改变以往传统教学中"讲解练习"的教学模式，利用组内成员的互帮互学，可以使学生产生愉快的心理体验，从而养成终身锻炼身体的习惯。"合作学习教学模式"鼓励学生一起去达到目标，增加同学之间的交往，有效利用竞争与合作，以培养学生的集体责任感和荣誉感。构建大学体育"自主探求、学教互动"能力型教学模式是大学体育课程特殊性的要求。大学体育"自主探求、学教互动"能力型教学模式充分体现了"以学生为主体，以教师为主导"教育理念，是学生主体与教师主导的相互作用建立起来的稳定的教学活动程序。以体育俱乐部制为组织形式，以小组或团队合作为学习方式，以运动态度为重点的体育形成性考核方法是实现大学体育"自主探求、学教互动"能力型教学模式的基本形式。

三、高校排球课程实施体育合作学习意义及模式

（一）高校排球课程实施的意义

1. 有利于发挥学生学习排球的积极性和主动性

传统排球课程教学模式是以教师为主体，教授学生颠球、传球、发球、扣球的基本技术，其教学过程属于被动的信息传递过程，多为模仿能力的操练，形式陈旧、呆板，课堂气氛沉闷，学生的积极性和主动性得不到发挥。相反，体育合作学习方式尊重学生的主体地位，教学过程中更重视师生、生生之间的多向交流，这对学生树立自主学习理念，提高练习效果具有深刻的积极影响。排球课程教学过程更是包含着集体合作的因素，在教学中实施合作学习，培养学生的合作意识和能力，显得尤其重要。

首先，由于不能完全依赖教师，所以学生必须不断通过自我努力才能够完成学习任务，这就促使其学习态度由被动接受转向主动探索；其次，合作学习以每组集体成绩作为考核标准的评价方法，对每个组员都是一种压力，集体荣誉感和担任"小先生"的责任感，鞭策和激励着学生；最后，人人不甘落后、不敢懈怠，无论课前查阅资料，课堂上观看示范，还是听教师讲解，都格外专注，练习时也非常投入，相互间讨论、交流增多，课堂气氛活跃，形成了良好的学习氛围。

2. 体育合作学习方式有利于培养学生的团队精神

当今社会大学生在校期间合作意识与合作能力的培养变得越来越重要，已成为其将来社会生存与个人发展的关键影响因素。体育合作学习方式则为学生树立团队理念、有效培养合作意识与合作能力提供了极好的机会。在高校排球课程教学过程中建立组内共同探讨与组间竞争的学习形式，使学生体验到个人和集体之间保持紧密关系的重要性，仅仅自己努力是远远不够的，还必须时刻关心和帮助组内同伴，齐心协力才能达到共同提高的目的。学生在这个过程中

学会与人交流和相处，逐步巩固合作意识，演练合作方法，体验合作快乐，提高合作能力。

3. 有利于形成终身体育的习惯和能力

现代的课堂教学是以教材为中介，通过教师教的活动和学生学的活动的相互作用，使学生获得知识、技能、发展能力，形成良好的个性品质。其中更多的是强调学生的学，因为教育目标的实现最后体现在学生身上，并且要通过学生的活动才能实现。在教学活动中，学生处于学习的主体地位，教学内容、教学手段和教学方法都必须符合学生的学习规律。

体育合作学习不但能促进学生的学业成绩，而且能培养健康的心理，能提高学生学习的独立性，为学生提供了学会学习的平台，并给予学生更多的权利和自由。

大学生正处于思维活跃的黄金年龄，如果在课堂教学中能有意识地构建这样一个符合学生特点的合作学习的方式，使每位学生都能在有限的合作时空里全员参与，那么不仅有助于增强学生的合作意识，还能为学生获得终身体育学习的能力奠定基础。

（二）高校排球课程实施体育合作学习的基本模式

1. 体育合作学习的基本内容

高校排球课程选项班进行体育合作学习的基本内容是分为多个单元的学习小组，每组6~8人，组员过少不利于学习氛围的形成，过多则难以统一学习观点。分组方法以"组内异质、组间同质"的形式划分。所谓"组内异质、组间同质"是指学习小组在结构上体现班级的差距，以保证组内各成员之间的差异互补性，使学生参与意识和合作精神更能发挥；"组间同质"是指班级内的小组间总体水平基本一致，使教学效果评估更具真实性。体育合作学习教学模式使用应先注意分组的质量，根据教学目标，选择适宜的分组条件进行分组是提高体育教学质量的重要一环。

小组的"组长"是组织小组学习体育技能的关键，小组长不仅是领导，还对群体内、外关系的处理起着举足轻重的作用。在分组时还要注重组间平衡，在教师的指导下，教师与学生之间、同组学生与学生之间、小集团与小集团之间通过运动，相互切磋与观摩，从而提高教学效率。在这里，体育教学的分组既是坚持从实际出发原则所采取的组织措施，也是小组合作教学模式学习的基本形式。

2. 体育合作学习的教学基本模式

首先，在进行排球课程教学单元前的几次课中，以教师指导小组学习为主，随着小组学员凝聚力的增强和对学习内容的初步掌握，再向以学生为主体的小组学习形式过渡，然后学生针对学习内容进行自学、自练和自主交流，教师给予指导，并组织小组间循环比赛、讲评和总结。

其次，在教学方法上，将传统的讲解示范、练习和纠正教学方法与小组讨论、小组互学方法相结合推进教学模式实施。小组讨论法是针对教学中的重点和难点问题，在教师启发下开展组内学生交流共同解决；小组互学法是针对学习中存在的个别问题通过组员之间互教互学加以解决。

最后，在教学程序上，如在进行排球正面双手垫球基本技术的知识教学和技能练习时，将学生分成6~8人一组，小组中设组长、记录员、统计员、监督员等职位，明确职责，要求对本组及其成员的练习进行组织、记录和统计。学生在练习中充当不同的角色并适时进行轮换，先由两名学生做对垫球练习，一名学生评判并给予反馈，一名学生记录，一名学生帮助捡球，练习4~6次后，进行角色互换，最后教师通过对比各小组练习的记录情况，对完成任务的小组和超过上次课的练习成绩的小组进行奖励。课后安排的复习内容要按教师课前确定的时间、顺序，以小组为单位，以互相合作为主要方式，小组内学生合理分工，通过查阅资料、观看视频、组内学练，每两周进行一次组间基本技术竞赛，只记小组集体成绩。教师则通过参与课程的组织和管理，对学生的合作学习过程起指导和引导的作用。

3. 体育合作学习的教学评价

我国当前高等学校体育课程评价比较注重终结性评价，由于这种方法是在单元或阶段学习结束时进行的，因而失去了评价的有效反馈功能，对激励学生学习、提高学习效果以及帮助教师改进教学意义不大。而体育合作学习的教学评价是在传统体育教学单纯追求运动技术成绩化的基础上，与学校素质教育发展需要结合起来，透过学生运动成绩的表象，将运动技术、体能发展、身心健康水平和参与能力等综合内容作为评价依据,这种评价方法注重诊断性评价,因而更具客观性和科学性,能够使学生对自己有正确的认识,增强学习信心,促进自我发展目标的实现。

在排球课程日常教学中,使用诊断性评价可以通过抽查不同小组学生对其测试(遇到问题,小组需进行再讨论)或根据小组竞赛的情况教师获得学生学习状况的信息并就存在的问题做补救性教学,以求当堂完成教学目标。对每次课各小组的学习情况做简单的小结和评价。学生对运动技术学习和掌握程度是评价教学效果的重要依据,它既反映了教学理论的科学性,也体现了教学实践的真实性。

第三节 多媒体网络体育教学模式

一、高校体育多媒体网络教学的组成

与其他学科相比,体育教学也是一项教育活动,需要师生双方的互动,老师发挥辅导作用,以学生为主体进行有针对性、有目标地学习知识或技能。体育教学也有其他特点,即体育活动课是基于老师和学生的思维,通过身体锻炼实现传播知识技能的学习目的。根据该特征,能够有效运用多媒体技术发挥网络教学的长处,打破传统教学的限制,推动体育教学的网络化,并建立一个成熟的多媒体网络教学模式。高校体育多媒体网络教学大致由如下几个元素构成。

(一)教学目的

所有教学的开展都是以教学目的为依据,网络教学也不例外,也要实现制定的教育目的,其也是高校体育多媒体网络平台的发展方向。结合目前国内教育部制定的政策方针,高校体育教学目的是传播体育锻炼、运动技巧及保健知识,鼓励学生通过体育运动强身健体、提高身体素质,形成坚忍不拔的运动精神。当然,该目的在多媒体网络教学实施中有着重要意义。

(二)基本网络环境

基本网络环境是高校体育多媒体网络教学开展的重要条件,而网络教学的实施受到局域网、校内网络和各硬件支持的直接影响。和原有体育教学模式对比，稳定的网络环境是体育网络教学实施的重要保障，某种程度彰显了网络教学模式的独特之处。

（三）人机间的关系

人机间的关系是高校体育网络教学的核心组成，前者指体育老师和学生，后者指硬件设备或软件设备等，人机关系分为师生间关系、师生和网络间关系两种。在网络教学中，老师、学生、计算机构成特别的三角关系，在该教学模式下，师生借助网络这个媒介进行教学互动。和传统教学模式相比，不再是师生面对面教学的形式，体育老师将课程资料借助网络传到教学平台上，学生只需浏览网页进行网络课程学习。除此之外，因为各区域、各高等院校、各体育老师对相同专业理论的理解、讲解方式不同，但同时将其课程内容传输至服务器上，因此学生有多种教学风格可供选择，从而强化高校学生对体育知识的了解。

二、高校体育多媒体网络教学的特点

（一）实时远程教学

迄今为止，许多高等院校网络教学都实现了实时远程教学，其创建网络虚拟课堂，师生借助摄像、话筒等互相交流沟通，基本类似于教室课堂。

（二）自主选择教学内容

在体育教学网络平台上，课程视频是主要教学资源之一，学生通过个人设备浏览网页，结合自身学习需求自主选择教学课程视频。该系统的数据库服务器中存放着大量不同格式的教学视频，使用者可结合个人设备支持格式选择下载对应格式的教学视频，并且网页上还包括互动交流、疑难解答、水平测试等多个板块。

（三）Web(互联网)课件教学资源形式

Web教学课件包含文字、图像等多媒体教学资源，检索方式简单，易于学生自主个性学习。而且该形式的针对对象是非实时应用系统，硬件设备标准的需求不高，学生可随时随地联网登录Web服务器，进行课程学习等活动。该形式比较适合通用型、自主型的远程教学运用。

（四）Think-Quest(思维探究)网络教学模式

随着网络教学的普遍化，各种网络学习模式也比比皆是。Think-Quest 是目前比较成熟的、任务驱动的网络学习模式，在西方国家已被广泛运用。该网络模式为用户指定了创建主题教育网站的任务，用户需要运用相关资源建立网站，同时利用一些网站创建工具构建网站框架，其本质是学习过程。另外，用户创建的网页也可看作学习资料为其他用户借鉴。随着网络在教学过程中的使用更加频繁，基于网络的学习模式也是层出不穷。这种学习模式给参与者提供了建立一个关于某个主题的教育网站的任务，参与者必须利用网络的和非网络的资源来充实网站的内容，并且还要运用各种网站建设工具来完成网站的构架，美化网页的形式，这本身就是一个学习的过程。另外，设计者建立的网页也可以被其他的学习者所利用，作为他们学习的资源。

三、多媒体网络教学平台在高校体育教学中的应用

（一）基础架构

现代多媒体网络教学平台大多基于 B/S 模式，B/S 模式具备以下几种优势：用户浏览界面采取的是常规的网页浏览器，存储着许多应用程序，用户可根据自我需求自行下载；平台容易控制维护，由于用户不需要专用软件，所以在更新网络应用的时候，只要升级 Server 中的软件即可；该模式拓展性、创新性较高，其采取通用 TCP/IP 通信协议，高校可结合实际需求升级完善多媒体网络教学系统。

（二）工作原理

该教学平台的基本工作原理是师生登录浏览界面对体育网络教学平台进行访问，学生借助电脑、平板等设备实现浏览器和服务器的连接，可自主学习体育课程、搜索体育信息资料、随时与老师交流体育锻炼心得、存储管理个人体育信息等。而该系统管理人员和高校体育老师可借助浏览器更换修改服务器中存储的资料信息，保证体育教学课程的时时更新，并且解决学生体育方面的问题和困难，同时实时引导学生正确体育锻炼。

事实上，该系统的服务器包括网页服务器、数据库服务器两部分，前者存

储平台运行的应用软件，实现用户需求功能操作，负责接受用户需求指令，同时转变成数据库识别指令后传输至数据库服务器，最后将处理结果以网页形式传输至浏览页面上，使用者可获得所需信息资源。由此可见，数据库服务器中存储着大量数据和相关的指令处理软件，其按照前者传输的指令进行相关处理，最后再将处理结果反馈至 Web 服务器。

（三）优点和长处

（1）多媒体网络教学系统使体育教学课程公开化、直接化。借助多媒体技术实现视频的播放、制作体育动画视频，让高校学生快速学习体育教学课程，并激发学生体育运动的乐趣。

（2）多媒体网络教学系统实现体育教学中师生之间的双向沟通。

（3）多媒体网络教学系统为学生创建自主学习环境。高校学生可自由选择学习该系统存储的所有教学资源信息，打破了传统体育教学的局限性，发挥学生在教学过程中的主体作用。

（4）多媒体网络教学系统保障了高等院校体育教学资源的开放化。该系统的引进促使高校体育教学资源开放化的改革，存储了全球各高校、图书馆等众多体育资料信息。

（5）多媒体网络教学系统对高校体育老师教学效果有强化作用。通常来讲，高校体育教学效果受老师体育专业素养、年龄性别等因素的影响。该系统的引进使体育教学更规范、更有效，从而确保高校学生受到最专业的体育运动教育。

（6）多媒体网络教学系统突破高校体育教学的地域限制。结合该系统实现的资源共享，可加强各高等院校之间的互动交流，通过该系统的实时交流功能，可为高校学生提供与体育运动专家直接交流的机会。借助该系统的远程教学功能，可为学生提供远程体育课程学习。除此之外，不同地域的学生可进行实时交流、体育运动讨论。

第四节 体育翻转课堂教学模式

一、翻转课堂教学模式概述

近几年，翻转课堂已成为国内外教育专家及学者研究的热点。这种模式让学生在课前通过观看教学视频或课件等方式的学习资源，通过课堂师生互动讨论解决问题，课后反馈总结评价。翻转课堂是一种全新的"混合式学习方式"。实践证明，翻转课堂在激发学生兴趣、提高考试成绩和提升教师工作满意度方面都有促进作用。随着我国高校体育教学改革的不断深入，旧有的体育教学模式已不适应未来社会发展对人才的需求，体育教学模式也在不断得到创新和研究。体育教学作为一门实践性很强的课程，与其他学科相比具有特殊的专业特点。

翻转课堂教学模式的出现正好为体育教学模式的构建提供了一个思路。随着教育信息化的发展、教学理念的更新，教学手段与教学方法也越来越多样。例如，近几年越来越受教育工作者和学习者青睐的翻转课堂教学模式。在翻转课堂中，教师根据学生在线学习的情况，因人而异地对学生实施个性化教学。基于翻转课堂的教学资源更不受教师、学生和学习时空的限制，能极大实现对有限教学资源的高效利用，使学生可以在线感受名家名师的授课，从而提高课程教学效率和质量。翻转课堂教学模式越来越受广大教育工作者普遍关注和日益重视。

（一）翻转课堂教学模式的理论依据及目标原则

教学模式是在教学思想和教学理论指导以及一定的教学理念的引导下建立起来的各类教学活动的基本结构或框架，通常包括理论依据、教学目标和原则、教学与学习程序、实现条件与教学资源、教学效果评价等要素，在理论依据方面，以翻转课堂"先学后教"思想为基础，重视教学活动中学生的主体性和学生对教学的参与。依据大学体育教学的特点，尤其斯金纳操作性条件反射的训练心理学，通过视频学习吸收理解，不懂的内容在视频中可以回顾，从实践强化到学习掌握的过程,这样反复的循环过程能够塑造有效行为目标。

在教学目标和原则方面,体育教学主要目标是巩固和提高大学生在中小学体育教育阶段构建的体育锻炼思想、习惯和能力,从而更好地引导和教育学生主动、积极、科学地锻炼身体,掌握现代体育科学中的基本知识与技能。教学与学习程序方面,以优质视频资源和交互学习社区为基础的基于MOOC(慕课)翻转课堂体育教学模式的基本教学程序可以设计为预习教学内容,并有针对性地观看教学视频讲解、示范,激发学习动机、发现学习问题,课堂讲授新课,接受教师、同伴评价,通过拓展资源完善、扩展知识与技能结构,以及反复练习实践加深理解和加强训练效果。

从实现条件与教学资源来看,近年来高速发展的MOOC平台和互联网的普及为翻转课堂体育教学模式提供了良好的实施条件,因此需要教师根据课程与教学内容自己设计与制作,其基本内容可以包括教学内容和动作演示讲解视频、理解性的练习、实践性的课余训练活动、实践训练的摄像记录视频、专题性的研讨问题等一系列问题。教学效果与评价:基于MOOC的翻转课堂体育教学模式的实施对激发学生学习体育的兴趣,培养学生自主学习、发现、分析、解决问题等综合能力,以及适应社会发展的自主学习能力和相互合作能力的培养具有积极作用。

教师要及时掌握反馈信息并根据所获情况进行适当引导,鼓励并充分调动学生的学习积极性,因材施教地针对不同学生进行讲解和教学。对学生的评价也应该注意大学体育教学不同于其他文化课程,不能简单地以考试成绩作为其学习好坏的衡量标准,"健康第一"作为学校体育教育的指导思想,必须要把"健康"标准贯彻到体育考试环节。指导学生加强体育教育认识,养成体育锻炼习惯,并构建与体育教育目标相适应的人性化测试。

(二)实施翻转课堂的意义

1. 翻转课堂的内涵与发展

翻转课堂出现在2007年前后,是将课堂中的一组知识简单制作成教学视频发布到网络上,让学生在家里看视频,目的是解决部分学生因缺课跟不上教学进度的问题。可以说这样的上课形式颠覆了传统的教学模式,能够充分调动学生的主观能动性。这种全新的教学模式由美国科罗拉多州的化学老师乔纳森·伯尔曼和亚伦·萨姆斯最先在课堂教学中使用。但翻转课堂的兴起与发展则源于"可汗学院"的出现。

在翻转课堂教学模式逐步普及的过程中，各国的教育工作者也根据本国的实情对其内涵和实施过程进行了拓展、延伸与发展。这也是翻转课堂开创者乔纳森·伯尔曼和亚伦·萨姆斯最为关注的。他们认为这有利于激发学生潜在的求知欲望，发展学生深层次认知能力，实现教师与学生之间、学生与学生之间的实时交流与互动。

2. 在大学体育教学中实施翻转课堂教学模式的意义

学校体育工作的中心是体育教学，而体育教学又包括体育理论知识教学和体育实践教学两部分。体育实践既是大学体育教育的重要组成部分，是激发学生热爱体育的直接方法，也是体育理论检验的基本手段，更是体育教育目标实现的关键要素。

对传统体育理论课教学理念的误解、大学课堂时数的限制以及大学体育教师在课堂教学上表现手法的缺失，种种原因造就了目前大学体育理论课堂教学的尴尬地位。一方面，这样的教学过程方法单调，内容也相对陈旧且缺乏新意。另一方面，不能因材施教，对悟性较高的学生且熟悉的讲解、示范，他们会感到乏味，这必然会导致部分学生掉队，部分学生却出现"吃不饱"、难以激发学生学习兴趣的现象。首先，翻转课堂突破了传统课堂时空和固定教师的限制，解决了一些学生由于某些原因不能接受课堂教育，或者不能及时领悟课堂教学内容的问题；其次，翻转课堂构造的学习社区加强了教师、学生、教学内容和教学、学习资源之间的相互作用、相互联系；最后，在翻转课堂中，教学过程基本上能够实现教学中倡导的因材施教与分层次教学，学生能充分发挥其在学习过程中的主观能动性和得到具有针对性的指导，有效地提升了课堂互动的数量与质量。正因为翻转课堂的这些优势与特征，基于翻转课堂的体育教学模式能够较好地解决由于教学时间限制、教学资源有限的问题，并解决课堂教学中掉队和"吃不饱"学生两方面的问题，也为终身体育思想的贯彻提供了保障。

二、翻转课堂教学模式应用与实践

（一）翻转课堂的模式构建

体育教学翻转模式的构建与一般翻转课堂模式相似，包括课前学习资源的制作准备、学生自主学习、课中知识内化、课后总结评价几个阶段。

1. 课前学习资源准备阶段

教学目标是教学活动的实施方向和预期达成的结果，是一切教学活动的出发点和最终归宿。在课前，教师根据教学大纲、计划明确教学目标和任务。在教学过程中不断修正新的教学目标，使课前、课中、课后形成一个完整的、协调的、相互联系的整体三维目标。通过信息技术将技术动作的概念、要领、方法及技术原理等制成演示文稿。

综合利用演示文稿和视频等手段将教学内容形象地表现出来，按照教学步骤和程序制成学习资源上传至网络平台。同时，要注意翻转课堂教学内容的体系要完整，组织结构要合理，要根据学生的认知水平和要求，选择恰当的教学素材，并根据教学内容的结构特点进行合理的加工和处理。

对于示范动作难度比较大或难以直接进行分解示范的动作，可以通过二维或三维动画技术并辅以用力方向、用力大小、运动轨迹等图示及文字说明，将其生动具体地展示出来。比如，在背越式跳高过杆教学中，人体在过杆时所做出的"背弓"动作，在实际教学过程中无法在杆上做出静止示范动作，也无法更直观地展示，但通过视频的加工处理，配以"箭头"表示力的方向及文字说明，就会使教学视频更直观、更清晰。依据教学单元的计划安排，由浅入深、由易到难地合理组织每个教学环节，让学习者在不浪费大量时间的前提下，学习掌握理论知识。

翻转课堂教学模式需要学生具有自主学习、发现问题和解决问题的能力，更需要学生积极主动地参与到课前新知识的学习中来。对技术动作概念、要领、方法及技术原理等理论知识进行学习，通过对知识的理解，借助想象法对技术动作有一个大概的理解和认识。学习过程中，要主动发挥发现问题和解决问题的能力，及时发现疑难问题，通过查阅网络资料解决一切力所能及的问题。对于课前学生对学习新技术动作的渴望和热情，不可避免地会出现有些学生积极主动地去练习。为避免缺乏体育教师的检查和指导，出现错误动作形成错误动作动力定型，要求学生在自行练习中要适当，以小组和结伴的形式进行。在充分观看了解教学视频示范动作的前提下，检查指导，锻炼和培养发现问题和纠错的能力。对于一些较难掌握的技术动作，通过"虚拟系统"不断的练习，帮助学生提高对技术动作的理解和认识，也能够保证在场地器材难以满足的情况下进行练习。

2. **课中知识内化阶段**

课中应是学生提出问题、教师答疑解惑，并通过具体的身体练习形成运动技能，使知识内化的阶段。通过课堂学生间的讨论和教师交流互动，解决遗留的疑难问题。课堂上，教师放置好数码摄像机，对教学过程进行全程摄像。按照问题提出的类型或按兴趣、伙伴朋友关系、基础和水平、性格等进行分组讨论和交流。针对探究活动，要创造性地设计好、组织好课堂探究和课堂讨论，引导学生在对话交流和合作中发展自我。对难以解决的问题，鉴于学生通过课前学习对学习内容有了一定掌握和理解，能够形成正确的思维，教师要辅以提示帮助，以便使学生更容易解决。待解决完学生课前所遇到的疑难问题后，按学生运动技术水平进行分组，实施分层教学，区别对待。同时，引导学生积极展开思考，探寻错误动作产生的原因，让学生纠错的同时，理解错误动作产生的原因。另外，对运动技术掌握较好的学生，可以指导其尝试进行讲解示范，使学生在练习中不但会做而且会教，打破传统体育教学中只追求运动技能形成的单一模式。练习结束后，教师带领大家讨论在练习过程中遇到的问题和练习心得，总结课堂练习中存在的主要问题，为下次课的实践练习提供参考。

3. **课后反馈评估阶段**

课堂结束后，教师将数码录像制成视频文件，提供给学生观看。针对课中练习时出现的错误动作、学生参与练习的态度、练习的效果等问题进行总结评价，及时与学生进行沟通交流。同时，学生在课后还需学会写学习体会，根据课堂上对所学知识的理解和探讨进行总结，将自己在课堂上的讨论和练习过程中动作技术的掌握进行反思与评价。通过网络平台群或微信等创造协作学习的环境和空间，形成一个有效的师生教学活动的"闭环通路"。

（二）高校体育教学翻转课堂模式的应用及实践

基于高校体育教学翻转课堂模式的构建，将高校体育教学翻转课堂模式应用于运动项目技术动作的教学中。实践对象：大学体育课程田径专选班 96 人；硕士研究生及以上学历的教师 10 位。实践内容：挺身式跳远的技术动作教学。实践整体设计：将田径专选班 96 人分成对照班和实验班各 48 人，实验班按照翻转课堂进行教学，对照班按照传统的教学模式进行。最后通过考核进行对比分析。结果与分析：翻转课堂教学模式深受学生的喜爱，激发了学生的学习兴趣和动机。调查中发现，有 83.5% 的学生喜欢翻转课堂模式；78.6% 的学生认为翻转课堂能够激发学习兴趣和参与学习的动机；70% 的体育教师认为，通过翻转课堂教学，学生学习的兴趣和动机明显提高了。

由此可以得出结论，翻转课堂可以有效地提高教学效率，激发学生学习的热情。翻转课堂教学模式培养了学生自主学习、探究学习和合作学习的能力，有力推动了体育教师专业水平的提高。翻转课堂教学模式拓展了学生的学习空间和时间，加强了师生间、学生间的交流和互动。翻转课堂模式使学生学习时间、空间更自由了，并且随时随地都能够进行学习。

翻转课堂提供了交流互动的平台，解决了同教师间的交流和互动，以前面对面的直接交流比较害羞，网络平台的交流互动不需要直面老师，害羞感没有了，自信心也增强了。因此，翻转课堂模式为师生间构建了一个协作融合的学习空间和环境。学生可以在学习知识的广度和深度上自由控制，从而加强了对理论知识的理解和掌握。翻转课堂教学模式有效提高了学生的理论知识水平及实践能力，强化了理论知识和技能的融合与内化，有效提高了教学效果和教学质量。根据教学计划和内容，用合作式、探究式等学习方法，有效地强化了对理论知识的学习和掌握。因此，通过对比分析，实验班在理论知识、技术评定、达标考试以及综合评定方面均明显优于对照班。

高校体育教学翻转课堂模式的构建突破了传统体育教学模式中存在的问题。网络平台的构建也拉近了师生间的关系，让师生在任何时段都能够进行有效的沟通和交流，以"环路"的方式始终贯穿于课前、课中、课后整个过程，形成了协作融合的学习环境。翻转课堂被誉为"影响课堂教学的重大技术变革"。翻转课堂模式中学习资源的制作、网络平台的交流互动、学生实践练习的"虚拟系统"等，每一个环节的构建都需要教师业务能力的提升和学生的学习适应能力等软硬件条件做保证，如此方可实现其在高校体育教学中的真正融入。

第七章　现代学校体育教学方法优化选用

学校体育教学中科学合理的教学方法对提高体育教学质量和效果具有重要作用。伴随体育教学的不断发展，体育教学的方法和手段也在不断创新。在诸多教学方法中，如何为教学实践选择更为优化、更为科学的教学方法变得越来越重要。本章将对这些内容进行详细分析。

第一节　学校体育教学方法简述

一、学校体育教学方法的概念

学校体育教育方法，实际上是指学校实施体育活动所有的手段和方式的总和。从广义上来说，凡是人类社会为实现体育教育目的所创造的条件、选择的途径、采取的措施、运用的手段和方式等，都属于体育教育方法的范畴。

就其构成要素来说，学校体育教学方法一般包括以下四个要素：

（1）目标要素。任何一种体育教育方法都指向一定的教育目标，没有目标，也就无所谓方法，方法总是为目标服务的。

（2）语言要素。包括多种形式的语言，如口头语言、身体语言等。

（3）动作要素。包括身体各种运动动作。这是区别于德育、智育方法的主要特点。

（4）环境要素。包括各种体育教育设施及气候、风土等自然现象。

二、学校体育教学方法的分类

学校体育教学方法的分类是一个重要的理论问题，它对于学校体育教学方法体系的建立，体育教师科学地选择和运用体育教学方法、提高教学质量都是十分必要的。目前，按照达到体育教学目标的途径和活动方式，通常将学校体育教学方法分为教法、学法、练法和育法四种类型。

（一）教法类

教法类体育教学方法的出现是由体育教学方法体系的特殊性所决定的。教法类体育教学方法可以分为两种类型，即体育保健知识教学方法和体育技术技能教学方法。

1. 体育保健知识教学方法

体育保健知识的教学方法与其他学科的教学方法非常相似。虽然国内外对这类教学方法的分类研究非常复杂，对其也存在着各种不同的分类方法，但是人们还是通过研究，总结出了这类教学方法的一些明显的发展趋势，具体表现在以下五个方面：

（1）由单纯指向学生认识活动到兼顾教学的情感活动。

（2）由单纯重视教学方法的结构和外部形态转向重视教学方法的功能和理论内涵。

（3）由单维划分向多维综合分类发展。

（4）由对常用教学方法分类到兼容国内外教学中涌现的新方法。

（5）由单纯经验归类到致力于从理论上建构方法体系。

需要注意的是，在向学生传授体育保健知识的过程中，必须注意教学的情感活动和它的多功能作用的发挥，同时还要注意将体育保健知识和体育活动实践紧密结合，提高这类教学方法的针对性。

2. 体育技术技能教学方法

所谓体育技术技能教学方法，就是我们通常所说的运动教学方法。"为什么教—教什么—怎么教"是这类教学方法的主线。换句话说，这种教学方法首先要明确的是教学目的，即是侧重于掌握运动技术技能还是侧重于发展身体，或是要达到其他什么目的。其次是对于教学内容的处理，即需要明确是掌握技术技能、提高运动水平，还是利用这个内容掌握锻炼身体的手段，提高体育能力，或者是作为非智力因素发展的途径等。最后是确定运用什么动作策略来实现教学任务。总的来说，这类教学方法不是呆板的，而是比较灵活多变的，具体可以根据教学目的，有针对性地选择不同的教学内容及其侧重点，并随着活动方式的不同而采用与之相适应的动作策略。

（二）学法类

所谓学法类，是指指导学生学习的方法。在学校体育教学中，学生的学习主要应把握以下两个方面的问题：一方面是较好地掌握前人积累下来的知识和经验；另一方面是找到这些知识经验和自己实际的最佳结合点，并逐渐形成终身体育的意识和终身体育的能力。因此，学法类教学方法的重点是使学生愿学、会学，最终达到学以致用，并能形成良好的学习和锻炼习惯。

（三）练法类

练法类是学校体育教学中最具本质特征的方法。这种方法能够直接促进学生身体的发展、体质的增强，其意义重大。但是，这类教学方法的主要目的在于教学过程中对方法的理解和练习时对身体运动时的体验，而并不在于发展身体和增强体质的直接效果。锻炼身体的方法较多，其效果则会因人、因地、因时而异。它既可以是单独的，也可以是成系列的、组合的。由此可见，在学校体育教学过程中，教学方法的关键是指导学生明确练法的作用和意义，掌握练习的策略，并把握各种练法之间的相互联系，使学生能做到举一反三、合理运用。

（四）育法类

所谓育法，是指对学生进行思想品德教育和美育的方法，这是各种教学的重要任务。作为教学方法的一种，育法类教学方法只有结合体育的特点来进行，才能取得理想的运用效果。充分利用这些因素培养学生高尚的道德品质和团结协作的精神，促进学生健康个性的发展和竞争意识的形成，引导学生追求健康美，建立正确的审美观，提高美的表现力和美的创造能力，是育法类教学方法的运用重点。

目前，人们在对这种体育分类方法的认识上存在分歧，其焦点是体育教学方法的范畴问题，以及运动教学方法和身体锻炼方法的联系问题等。这些涉及教学论领域的一些深层次的理论问题，有待进一步研究。

三、学校体育教学方法的特点

（一）实践性

学校体育教学方法与体育教学实践是紧密相连的。作为一种动作策略，它具有很强的可操作性，体育教师的教学思想和综合能力要通过各种活动方式在体育教学实践中表现出来，同时也必须通过实践来检验教学方法是否成功。

（二）双边性

学校体育教学方法是体育教师指导学生学习和锻炼的双边活动，是体育教师和学生相互联系、按一定方式活动的结合体。在体育教学的过程中时刻发生着各种信息的双向交流，并不断地进行着反馈调节来提高这种双边活动的效果。

（三）多样、多变性

通常来说，学校体育教学方法十分丰富多样，供选择的余地很大，但在体育教学过程中许多因素都会发生变化，如学生的基础、场地条件、器械数量和质量、气候等任何一个因素的改变，都会导致体育教学方法的改变，也就是说一成不变的体育教学方法几乎是不存在的。不同的场合有不同的教学方法，同一种方法在不同的条件下，它的组织方法、活动方式、动作程序都有可能发生改变。

（四）系统性

学校体育教学方法不是孤立地存在的，各种不同的体育教学方法相互联系、互为补充，共同构成一个完整的方法体系，在体育教学过程中发挥出综合效能，来完整地达成体育教学目标。无论哪种教学方法，其效果都是有限的，自身也都存在着缺陷。因此，学校体育教学目标的实现，必须依赖于整个体育教学方法系统作用的充分发挥。

（五）继承性

纵观来看，历史上一些在长期教学实践中总结出来的、行之有效的教学方法，能够准确地反映体育教学的客观规律，具有强大的生命力。它们是学校体育教学的宝贵财富，具有历史的继承性。此外，也有一些传统的体育教学方法，尽管本身存在缺陷，或者由于时代的进步产生了不适应社会发展的内容，但其自身仍然存在许多有价值的部分值得我们去吸收和借鉴，并有选择性地加以继承和改造，使之成为一种新的体育教学方法。

（六）发展性

任何一种事物如果不能随着时代的发展、社会的进步而发展和进步，都会被淘汰。体育教学方法也是如此。这就要求其必须积极开拓、推陈出新，适应新的教学要求。需要指出的是，学校体育教学方法的发展除要根据新的形势创造新的方法以外，还需要对传统的教学方法进行调整和改造，赋予它们新的内涵，使之发展成为满足新的教学要求的一种新的方法。

四、学校体育教学方法的作用

体育教学方法是学校体育教学活动的重要因素，它不但在教学活动的过程中发挥着重要作用，而且在教学活动结束后也会产生深远的影响。具体来说，学校体育教学方法的作用主要体现在以下四个方面：

（一）有助于学校体育教学任务的完成

教学方法是学校体育教学过程中教师与学生双边活动的连接点。通过有效的体育教学方法可将体育教师的教和学生的学紧密联系起来，成为完成教学任务的有效途径。没有有效的体育教学方法，完成体育教学的任务就无从谈起。

（二）有助于学校体育教学质量的不断提高

通常来说，一种科学合理的体育教学方法能够充分利用各种有利的因素来调动学生的学习积极性，发挥他们的主观能动作用，从而提高学习效率，得到事半功倍的效果，并提高体育教学质量。

（三）有助于营造良好的体育教学氛围

一般来说，良好的体育教学方法能激发他们积极的学习兴趣，营造出一种奋发向上的学习氛围。而一种好的氛围能使学生受到感染，又反过来影响学习过程，从而形成一种良性循环。在体育教学中坚持运用这类教学方法，有助于体育教师在学生心目中树立威望，进而促进学生自觉、主动地学习，使体育教学过程中的气氛更加融洽，教学方法的实施更加协调自如。

（四）有助于促进学生身心的全面发展

一种好的教学方法蕴含着科学性，而其运用的过程就是学生受到科学思想熏陶的过程，无疑对学生心智的发展具有良好影响。反之，不良的教学方法则会产生不良的影响，对学生心智的发展也具有消极的负面作用。在学校体育教学的过程中，体育教学方法的实施过程往往也是学生体验运动技术技能，进行锻炼方法教育的过程。因此，学生既要受到体育方法论的教育，又要得到身体的锻炼，使身心都能得到发展。此外，由于体育活动的特殊作用，良好的教育方法还能促进学生的情感、意志等非智力因素的发展。总之，体育教学方法对学生的身心发展具有十分重要的影响。

五、学校体育教学方法的发展趋势

（一）体育教学设备日益现代化

随着社会科学生产力的不断发展和教育事业的不断进步，现代学校体育教学方法也随着体育教学设备及设施的现代化而日益现代化，体育的课堂教学也进入了一个新的发展阶段，其标志性转折就是录像这一新兴教学方法的普及。它不仅在一定程度上开阔了学生的视野，而且为学生展示了他们在体育课中无法感觉和体验的东西。进入21世纪后，随着网络的飞速发展和计算机的广泛普及，计算机辅助教学把体育教学带入一个新的感知空间。

（二）心理学研究的影响越来越大

体育教学所涉及的学科广泛，其中对其影响最大的是心理学科。众所周知，人的一切活动都是由心理控制的，学生对于体育知识和技能的学习过程自然也是一个复杂的心理过程。起初，体育教育者主要以运动学习心理学和体育心理学来控制教学方法。但经过长期的实践证明，运动学习的心理范畴已经远远超出了体育心理学和运动心理学的研究范围，并开始以运动心理学研究来证明运动学习的过程，并将一些研究成果逐渐应用于体育教学方法的改革上。如分散学习和集中学习特征的研究会直接对分解教学法和整体教学法的优选提供重要的理论支持，心理的念动理论已经使"念动训练"进入了体育教学等，特别是随着科学的发展，心理学将会给体育教学方法的改进和创新提供更多的理论支持。

(三)体育教学方法的个性化、公平化和民主化日益突出

在体育教学中,学生的个性化越来越受到重视。教学主体不再是单纯的以班级为主体,由教师进行系统的教育,而是开始充分重视学生的自身素质、体育水平以及兴趣和需要等方面的差异性,分层次对其进行教学,这也是个性化教学方法改革的关键所在。在传统的体育教学方法当中,教师多以口令法和讲解法对体育技能进行教学,随着以体育实践能力为培养目标的确立,以及民主化教学的普遍应用,就开始慢慢要求学生对于体育技能的学习要具有自主性,深入探究适合自身特点的学习锻炼方法,这也就使民主和谐的体育教学方法成为体育教学发展的必然趋势。如近年来的小群体教学法、快乐体育教学法等教学方法就充分显现了民主化教学方法的趋势。

第二节 学校体育教学的主要方法

恰当的教学方法对于促进学生掌握知识、技能和发展能力具有重要的意义。本节主要对学校体育教学的几种基本方法进行介绍。

一、语言法

所谓语言法,是指在学校体育教学中体育教师运用各种形式的语言来指导学生学习,以达到教学要求的一种方法。正确使用语言法对学生顺利地完成学校体育教学任务具有重要意义。一方面,它能使学生明确学习任务,端正学习态度。另一方面,它还能启发学生积极思考,加强对教材的理解,从而加速对体育知识、技术、技能的掌握,提高学生锻炼身体,发展体能的自觉积极性,培养学生分析问题和解决问题的能力。

一般来说,在学校体育教学中,语言法的形式主要有讲解法、口令和指示法、口头评价法、口头汇报法以及默念与自我暗示法等。

(一)讲解法

讲解是体育教师对学生说明教学目标、动作(练习)名称、动作要领、动作方法、规则与要求等内容,指导学生进行运动技能学习,掌握运动技能的一

种教学方法。在学校体育教学中，运用讲解法时应注意以下五个方面的问题：

（1）明确讲解的目的。在学校体育教学中，体育教师的讲解必须要根据体育教学目标、教学内容、学生特点，科学地选择讲解内容、讲解方式、讲解速度和讲解语气，同时注意抓住重点与难点，有目的、有针对性地进行讲解。

（2）讲解内容要正确，符合学生的接受能力。它要求体育教师讲解的内容要符合技术原理，能够做到准确无误。另外，讲解的广度和方式还要符合学生的体育基础和已有的知识经验，从而被学生所接受。

（3）讲解要生动形象，精简扼要。在体育运动的各项目中，运动技术具有鲜明的动作性，这就要求体育教师要善于借助学生在生活中已经接触过的事物或已经学过的运动技术，与所学运动技术要有一定的联系，帮助学生更好地理解动作要领。此外，在运动技能教学中，还要抓住重点，简洁明了地讲解所学内容。

（4）讲解要具有启发性。在学校体育教学过程中，体育教师的讲解要能启发学生积极思维，如注意采用对比、提问的方式，能够举一反三、触类旁通，使学生将看、听、想、练有机结合起来。

（5）注意讲解的时机与效果。要求讲解应在学生面对教师并注意教师讲解时进行；在学生练习过程中，或学生背对教师时一般不宜讲解。

（二）口令和指示法

口令和指示法是指体育教师以简短的语言、命令的方式指导学生学练的形式，如调队时的口令、练习中指示学生"收腹""转体"等。

具体来说，口令是指有一定的形式和顺序，有确定的内容，并以命令的方式指导学生活动的语言方式。在体育教学中，诸如队列队形练习、基本体操、队伍调动等都需要运用相应的口令。这里需要指出的是，体育教师在运用口令时，要求声音洪亮、准确、清晰、及时，同时还应注意根据人数、队形、内容、对象等特点来控制声音的大小、节奏的快慢等。

指示是体育教师运用比较简明的语言，组织指导学生活动的语言方式。体育教师在运用指示时，要求准确、及时、简洁，尽量用正面词。在日常的体育教学中，指示的运用主要有以下两个方面：一是运用于组织教学中，主要包括布置场地、收拾器材等方面；二是运用于在学生练习时未能意识到的、关键的动作用简洁的语言提示出来。

（三）口头评价法

所谓口头评价，是指体育教师按照一定的标准，对学生的行为表现、练习完成的情况以口头方式进行评价的一种教学方法。在学校体育教学中，体育教师在运用口头评价时应注意以下四点要求：以正面鼓励评价为主；否定评价时要注意分寸与语气；要能指明努力方向；提供改进提高的方法。

（四）口头汇报法

口头汇报法是体育教师了解教学效果的一种方法，它是指学生根据教学要求，向体育教师简明扼要地表述学习心得和对教学内容与练习的见解以及疑难问题等的语言形式。这种方法不仅可以为体育教师提供进一步指导学生学习的依据，而且还能够促进学生积极思考，加深对教学内容的理解，此外还有助于学生进行自我检查和督促，以及培养学生的语言表达能力。

（五）默念与自我暗示法

默念是指学生在进行体育练习前可以通过无声语言重现整个动作或动作某些部分的过程、重点、特征，以提高练习效果的语言方式。自我暗示则是指学生在体育练习过程中默念某些指令性的词句，进行自我调控练习过程的语言方式。在学校体育教学中，将这两种语言方式有机地结合起来运用，会取得较好的教学效果。

二、发现式教学法

在学校体育教学中，发现式教学法指的是从青少年好奇、好问、好动的心理特点出发，以发展学生创造性思维为目标，以解决问题为中心，以结构化的教材为内容，使学生通过发现的步骤进行学习的一种教学方法。通常来说，运用发现式教学法需要遵循以下三个步骤：第一步，提出问题或创设问题的情境，并使学生在这种情境中出现矛盾和疑难，进而按照教师提出的要求，带着问题去进行探索；第二步，学生通过反复练习，来掌握动作技术的基本原理和方法；第三步，组织学生提出假设，并通过实践进行验证，之后再开展争辩和讨论，总结争论的问题以及动作技术的原理和方法，最后得出共同的结论。

需要指出的是，在学校体育教学中，体育教师运用发现式教学法还需要注意以下六个问题：

（1）要善于提出问题或者创设问题的情境，以激发学生的学习热情。

（2）要注意依据学生已有的知识经验以及运动技能的基础，提出适当的问题，以更好地引导学生探求未知。

（3）要善于在学生无疑问处激发学生提问，并利用在体育活动中出现的矛盾启迪学生的思维。

（4）要注意在学生发现、解决问题的过程中引导他们抓住问题的重点。

（5）要采取步步深入的方法，由具体到抽象、由个别到一般、由简到繁。

（6）要注意为学生继续探索留下悬念，并要鼓励他们进行创新。

三、直观法

在学校体育教学中，直观法是指通过一定的直观方式，作用于人体感觉器官，来引起感知的一种教学方法。由于人对事物的认识首先是通过感觉器官对事物的感知开始的，因此，学校体育教学中的直观法对学生掌握教学内容、达到教学要求和完成教学任务具有重要的意义。一般来说，在学校体育教学中常用的直观法有动作示范法、教具与模型演示法、多媒体技术法、条件诱导法、定向与领先法、助力与阻力法等方法。

（一）动作示范法

在学校体育教学中，动作示范指的是体育教师或者是体育教师指定的学生以自身完成的具体动作作为范例，使学生了解动作形象、要领和结构的一种方法。动作示范简便灵活、轻快优美、针对性高、真实感强，不仅能够激发学生的学习兴趣，而且还可以增强学生的学习信心。在学校体育教学中，运用动作示范时应注意以下四个方面：

（1）要明确动作示范的目的，并依据学生的特点、教学内容以及客观的条件，对动作示范的方向、位置、次数、速度以及示范与讲解结合的方式等进行选择。

（2）要注意动作示范的准确和美观。

（3）要注意对动作示范的方向和位置进行正确选择。

（4）要能够将示范和讲解有机结合起来。

（二）教具与模型演示法

这种方法是指在学校体育教学中对图表、照片、模型及其他教具等直观方式的运用，它能使学生较生动、具体地了解动作的形象、技术结构和细节以及动作技术的完成过程。例如，人体模型对动作的演示、球场模型对战术配合的演示等。一般来说，在实际的教学过程中，对动作过程快、空中完成的动作以及技术结构复杂的动作，都需要体育教师采用教具或模型的演示进行教学。在这里需要指出的是，体育教师在运用直观教具与模型演示法时，要有明确的目的和适宜的演示方式，还要注意演讲的时机以及与讲解示范结合运用等。

（三）多媒体技术法

在体育教学中，多媒体技术主要指的是运用电影、电视、录像等多媒体辅助教学实施。运用这一方法时，要注意依据教学目标来选择合适的播放内容，并要注意将电影、电视、录像和讲解示范练习有机地结合起来进行。

（四）条件诱导法

所谓条件诱导法，是指以某种条件为诱因，同时与体会动作相联系，达到直观作用目的的方法。例如，在体育教学中通过音乐伴奏或借助节拍器的音响，可形成一定的动作节奏感；领跑可建立相应的速度感；利于保护、牵引性的助力和对抗、限制性的阻力，能较快地形成完成动作的时间感与空间感。当条件诱因与体会动作相联系，运用得当就能获得较好的教学效果。

（五）定向与领先法

在学校体育教学中，定向指的是以标志物、标志点等相对静态的具体视觉标志，对学生的动作方向、轨迹、幅度、用力点等予以指示。领先则指的是以相对动态的、超前的视觉为信号，对学生的动作方向、轨迹、幅度、用力点等予以指示。在运用这一方法时，要注意依据教学内容及对象的特点，对视觉标志进行合理设置。

（六）助力与阻力法

在学校体育教学中，助力和阻力指的是借助外力，来帮助学生通过触觉和肌肉本体感觉，对用力时机、时空、方向、大小等特征进行正确的体验，从而正确掌握相应动作的一种直观方法。

四、完整法与分解法

（一）完整法

完整法是体育教学方法中非常重要的一种方法，它主要是适用于一些较简单无分解的且从头至尾具有强烈连贯性的动作当中，在运用这种方法进行教学时，要注意需要将动作完整、不间断地进行练习。完整法的优点主要包括：动作结构比较简单、协调性要求较低、方向线路变化较小，或动作虽然比较复杂，但动作各个部分联系非常密切；其缺点是：用于应该分解而又不宜分解的动作（如体操运动中的翻转动作）时会给教学带来一定的困难。因此，在这时为了减少学生学习的困难和便于他们掌握动作，通常采取以下五种方法：

（1）直接运用。它指体育教师在教授一些简单、易于掌握的动作及讲解示范后，让学生直接进行完整动作训练。

（2）强调重点。它指体育教师在教授一些较为复杂的动作时，要求学生完整练习时，要注意动作学习的重点，也可采取将某环节单独学习的方法。这种方式可有效提高学校体育教学的效率和质量。

（3）降低难度。它指在进行完整练习时，以减轻投掷器械的重量、降低跳高横杆的高度，来缩短和降低跑的距离与速度等来达到降低难度的目的。

（4）故意降低对动作质量的要求。如体操动作的适当分腿屈膝，武术动作中要降低速度，篮排球中的近距离投篮、发球等。这里需要指出的是，在降低要求时，要注意不要做出明显的错误动作。

（5）改变练习的外部条件。如在练习前滚翻时由高处向低处完成动作，在外力的帮助下完成完整动作等。

（二）分解法

分解练习法主要是用于难度较高且可分解的运动技术动作，在运用时可将动作分成几个部分，由简到繁逐层进行教学。与完整法相同，分解法既有优点又有缺点，其优点是降低了动作技术的难度，利于学生的学习和掌握；缺点是不利于学生对完整动作的领会，可能会导致学生只是片面掌握动作技术。

在学校体育教学中，运用分解法时应注意以下四个方面的问题：

（1）可根据动作技术的特点，按时间的先后、空间的部位，以及时间空间的结合来采取合理的分解方法。

（2）在划分动作技术的部分时，应充分考虑各部分之间的有机联系，注意不要破坏动作的结构。

（3）明确各部分在完整动作中的地位与作用，并为各部分的组合做好准备。

（4）在建立完整动作概念的基础上分解，并及时向完整法过渡。

五、自主学习法

在现代学校体育教学中，自主学习法指的是为了实现体育教学目标，学生在体育教师的指导下，可以依据自身的需要和条件制定目标、选择内容等学习步骤，以完成学习目标的一种体育学习模式。自主学习有独立性、能动性和创造性等特点，有利于激发学生学习体育的热情，培养学生的体育学习能力，确立学生的主体地位，提高体育教学的学习效果。

在学校体育教学中，运用自主学习法需要遵循以下四个步骤：

第一步，依据学习目标制定与自身能力相符合、且能充分发挥自身潜能的目标。

第二步，学生依据已有的经验和所学到的知识，自主选择学习活动和学习方法。

第三步，学生能依据体育学习目标对自己的学习状况进行自主评价。

第四步，分析学习情况，对照学习目标进行自我调控，及时调整学习目标，改进学习的方法和策略。

六、预防与纠正错误法

所谓预防与纠正错误法，是指体育教师为了防止和纠正学生在练习中出现的动作错误所采用的一种方法。在实际教学中，学生在掌握动作时，出现错误是正常现象，体育教师应正确对待，并有意识地对此加以预防和纠正。预防与纠正错误是有机联系的，对于一个动作错误的预防措施，也可能是这一错误动作的纠正手段。预防具有超前性，既能预见学生可能出现的错误动作，还能准确找出可能的原因，主动地、积极地采取有效的手段与措施，"防患于未然"。纠正具有鲜明的针对性，既能及时准确地发现学生的动作中的错误，又能正确分析产生动作错误的原因，采取有效的手段，尽快纠正。

具体来说，常见的预防与纠正错误动作的方法主要有以下两种：

（一）强化概念法

在学校体育教学中，体育教师不断强化学生头脑中正确的动作概念，促进学生正确动作形成的方法，即为强化概念法。这种教学方法主要通过加强讲解、示范，并结合学生对已有知识进行对比的讲解示范，使学生明确正确与错误动作的主要差异，从而主动避免与及时纠正错误动作。

（二）限制练习法

限制练习法是指在设置限制的条件下进行练习、纠正动作错误的方法。如练起跑时，在学生头顶上设置一排后低前高的斜竿，在这种限制的条件下使之体会、掌握起跑时的正确动作，以避免产生过早直起身来跑的错误。

七、合作学习法

在学校体育教学中，合作学习法指的是学生在小组或者团队中，为了完成共同的任务，有明确的责任分工的互助性学习形式。在合作学习中，小组或团队中的每一个成员都承担着一定的责任，而他们之间又相互依赖。

在学校体育教学中，运用合作学习法需要遵循以下六个步骤：

第一步，依据班级的规模、场地器材和学习内容，进行组间同质、组内异质的分组。

第二步，小组的全体成员在体育教师的指导下，还需要根据本单元的学习主题共同确定学习目标。

第三步，师生共同研究并确定学习的具体课题，并进行组内分工。

第四步，具体实施合作学习，小组成员在小组长的组织下，围绕学习的主题各司其职，共同完成学习任务。

第五步，进行小组间的交流、比较和评价，分享学习成果并纠正不足，进而提高学习能力。

第六步，对学习的结果从合作是否愉快、合作结果、合作技巧、进步程度等方面来进行评价，并做好记录。

八、信号提示法

在学校体育教学中，当学生在练习中由于时间或空间方向不清楚而出现动作错误时，通常可运用信号提示法，即可以用标志线、标志点、标志物来标明动作方向、幅度等；还可以用听觉信号，口头来提示学生的发力时间、用力节奏等。这里需要注意采取的方法要具体根据学生错误的形式和性质进行选择。

九、外力帮助法

在学校体育教学中，当学生因用力的部位、大小、方向、幅度不清楚而出现动作错误时，通常可运用外力帮助法。例如体育教师可以运用顶、推、托、拉、挡、送、拨等外力，帮助学生建立正确动作的本体感觉。

十、游戏法与竞赛法

（一）游戏法

在学校体育教学中，游戏法是指体育教师通过组织学生做游戏，进而完成教学任务的一种教学方法。

游戏法是一种较为简单，且最容易为学生所接受的一种教学方法，其特点主要表现在以下四个方面：

（1）通常情况下，体育教师所组织的游戏性活动都是有象征意义的，运用游戏形象有趣且高低起伏变化的特性去引导学生完成各种身体活动，从而达到预定的目的。

（2）这一方法对于行为方式并没有具体的规定，只要能够达到目的即可。因此，此方法对学生的活动并没有限制，学生可以充分发挥他们的主观能动性，积极、主动地去创造，从而提高自我的控制能力。

（3）学生之间以及团队之间的合作与竞争关系，最能表现出学生的思想道德品质。

（4）游戏活动不利于教师对学生动作等方面的控制及运动负荷的安排。

在运用游戏法时，体育教师要充分了解以下三个方面的注意事项：

（1）所选择的活动内容与形式要符合教学目标，并为其设置相应的规则与要求。

（2）不能忽略学生的主动性和创造性，但这要以学生遵守规则为前提。

（3）对游戏结果的评价要客观公正，不偏不倚。

（二）竞赛法

所谓竞赛法，是指体育教师组织学生以比赛的形式进行训练的一种教学方法。一般来说，竞赛法具有以下四个方面的特点：

（1）对抗性强，竞争大。

（2）运动负荷量大。

（3）能最大限度发挥学生的技能。

（4）能够培养学生良好的道德品质。

竞赛法在用于学校体育教学时，要特别注意以下三个方面的问题：

（1）竞赛法的运用不能脱离教学目标。

（2）学生分配要合理，各组间学生的实力要均衡。

（3）要在熟练掌握动作技术的前提下合理运用竞赛法，并对其动作的完成质量进行合理的评价。

第三节 学校体育教学方法的选择与运用

学校应选择符合体育教学目标和任务的、符合教学内容特点的、符合学生学习可能性的、符合学校物质条件的方法来进行体育教学。

一、合理选用体育教学方法的意义

长期的体育教学及新教育技术的进步，不仅使人们积累了很多传统的体育教学方法，而且也创新出很多新的有效方法。面对丰富的现代体育教学方法，体育教师在进行体育教学时必须要根据体育教学的实际情况,科学地选择和运用这些方法,从而不断提高体育教学的质量和效果。就目前来看,在一些学校中,体育教学质量高、效果好的课并不多。很多学校还存在教学方法单一、组织形式简单、公式化、教条化的现象,这些情况都严重阻碍了学校体育教学的发展。因此,在进行体育教学时体育教师能否正确选择教学方法,便成为影响体育教学质量的关键问题之一。通过实践证明,体育教师要想实现体育教学效果的最优化,必须科学合理地运用体育教学方法;反之,不仅会收到相反的效果,而且还会给教学活动造成不利的影响。

综上所述,我们不难发现,在体育教学的过程中,教学的成败在很大程度上会受教学方法的影响。也就是说,体育教师能否合理、妥善地选择教学方法将直接影响着体育知识各方面的发挥。

二、学校体育教学方法的选择与运用

(一)学校体育教学方法的选择

在学校体育教学的过程中,体育教师科学选择体育教学方法时,需要注意以下几个问题:

1. 根据体育教学的具体目标与任务进行选择

通常情况下,在现代学校体育教学过程中,不同的教学目标与任务对教学方法的要求也不同。一般来说,不同教学任务的方法选择主要分为以下几种情况:在进行知识传授时,体育教学方法要以语言讲解为主,完善技能就以实际训练为主,练习课多以练习法和比赛法进行。如果是单元的前段课,应选择发现法、游戏法等;如果是单元的后段课,就可以选用一些小群体教学法和比赛法。总之,只有有的放矢,区别对待,才能取得理想的体育教学效果。

综上所述,选择体育教学方法的关键因素是具体的教学目标。通常而言,其应包括以下几个方面:体育知识内容目标,体育技术技能方面的目标,培养学生良好的社会心理和社会适应等方面的目标。体育教师要能够掌握相应的教学目标分类知识和方法,同时还要注意将教学中总的抽象的目标进行分解,可以转化为具体的可操作性目标,并依照不同的目标来选择和运用相应的体育教学方法。

2. 根据教材内容的性质和特点进行选择

体育教学方法与体育教学内容联系密切。一般来说，不同性质的教学内容要求有不同的方法与之相配合，这就要求体育教师应很好地分析内容的结构、性质、特点、形式，以确定它们对方法的要求，具体表现在以下两个方面：

（1）应根据不同的体育运动项目，来选择适合项目自身特点的教学方法。例如，跑步、跳跃、投掷类的教学一般使用完整教学法；游泳、滑冰、体操等则要使用分解教学法；大多数球类项目要选择领悟性的教学方法。

（2）应根据不同的教材内容性质，选择相应的教学方法。例如，含有重要科学原理的运动项目通常选择发现式教学法；发展学生身体素质的则常用循环练习法；趣味性较差的运动项目则要选用游戏教学法；动作简单而又不易分解的教材内容，一般选用完整教学法；比较复杂的教学内容也应选用分解法来帮助掌握动作技术；等等。

总之，体育教师应该把握各种教学方法的适用范围，能够根据不同的教材内容的特点，灵活创造性地选择适当的体育教学方法。

3. 根据学生的实际情况进行选择

在现代学校体育教学中，学生是教学的主体。总的来看，体育教师的教是为了学生的学，选择体育教学方法的根本原则是要适应学生的基础条件和个性特征，运用体育教学方法的最根本目的也是为了学生的体育学习。因此，在选择体育教学方法时，体育教师要充分考虑学生的实际情况（如年龄、性别、身心发展的水平和特征等），从而做到因材施教。如对中学生而言，不宜使用"情景教学法"；对活泼好动的小学生，由于他们的注意力不易集中，一般不推荐用领会教学法，而是选择直观法或游戏法来进行教学；对熟练的学生不宜使用正规的分解教学法；对身体素质不好的学生不宜使用"循环练习法"。即使是同一年级或同一班级的学生对某种教学方法的适应性也存在明显的差异，不同年龄段的学生对相同教学方法的适应程度也不尽相同。

针对以上情况，要求体育教师在体育教学的过程中，必须从学生的具体实际出发，科学地分析、研究学生的自身特点，有针对性地选择和运用相应的体育教学方法，使学生在学习掌握体育知识、形成技能的同时，能够促进和提高学生身心的发展。

4. 根据体育教师自身的素质进行选择

一般来说,在体育教学活动中,体育教师的素质主要包括表达能力、思维品质、个性特长、教学技能、教学风格特征、组织协调能力、教学控制能力及师生关系等几个方面。不同的体育教师其特点和专长也是不同的,这就需要体育教师根据自身的素质特征来选用相应的教学方法。例如,形象好、技能强的教师,适合用示范和帮助的方法教育学生;平时不苟言笑、做事认真严肃的教师,则应多对学生进行正面教育等。在进行体育教学时,教师可充分发挥自己的特长,利用自己形象、个性及能力等方面的优势,来选择可以提高自身教学质量且深受学生喜爱的教学方法。同时,教师还要不断充实自己,以提高自身教学能力。

5. 根据体育教学方法各自独特的功能、适用范围及使用条件等进行选择

在学校体育教学中,每种体育教学方法都有其各自的特点、独特功能、适用范围和使用条件等的限制,同时又有各自的优点和局限性。在学校体育教学过程中,体育教学方法功能作用的发挥,受制于教学过程诸因素的优化组合。

在很多情况下,同一种教学方法对于某种体育项目或知识有效,但对另一种体育项目或知识则可能完全无用;同样,对同一体育项目或知识来说,有的教学方法有用,有的则没用,有的甚至还可能起反作用。例如,在传授新知识时所运用的谈话法,其前提条件是学生已具备了前期的知识和心理准备,否则的话要运用谈话法进行新知识的传授就会遇到很多困难。而讲授法虽有利于发挥教师的主导作用,且可以使学生在短时间内获得大量的系统知识,但对学生来说,这一方法很难发挥其自身的主动性、独立性和实践性;另外,对新生实行比赛教学法也是非常不科学的。对新生来说,他们刚刚入校,对于体育技能的掌握还不全面,且身体素质与品德素质也参差不齐,这时候使用比赛法教学无异于是揠苗助长。综上所述,体育教师在选择体育教学方法时,必须要认真分析各种方法的功能、应用范围和条件。

6. 根据体育教学时间和效率的要求进行选择

在学校体育教学的过程中,教学方法是辅助体育教师进行教学的,是有效提高教学质量的主要手段。体育教学的最优化,就是要求以最少的时间取得最

佳的效果。例如，在一般情况下，发现式教学法要比讲解法用的时间更多、分解法要比完整法费时间等，鉴于此，在体育教学实践中，选用具体的体育教学方法时，体育教师应认真分析其所用教学时间和教学效率的高低。通常来说，判断教学方法的好坏，主要是体育教师是否能在规定的时间内完成教学任务、达到教学目标。不难看出，一种好的教学方法应是高效低耗的，至少应该是能在规定的时间内完成教学任务，来实现具体的教学目的，并能使体育教师教得轻松、学生学得愉快。这里需要指出的是，同时还要求我们不要因为费时而忽略一些很重要的步骤，比如要使学生明白一个重要的原理，花点时间让他们去探索和发现是很有意义的，也是高效率的。

总之，为了达到体育教学效果最优化的教学目标，体育教师应尽可能地选用既省时又有效的教学方法。

7. 根据体育教学的物质条件进行选择

在现代学校体育教学中，教学的物质条件也对教学方法的选择与运用具有重要影响。这里所说的教学的物质条件，主要是指学校教学器材、场地（馆）设施等。一般来说，较为全面、先进的教学条件对教学方法的发挥有很好的促进作用，相反，一些落后的、不全面的教学条件则会限制教学方法的发挥。例如，用海绵块练习背越式跳高时，效果要比用沙坑练习好，这是因为前者可以减轻学生的恐惧和怕脏的心理负担，提高神经系统的兴奋性；再如，在体育馆内上课，可以减少周围环境对学生不必要的刺激，有助于提高体育教学的效果，特别是现代化教学手段的充分运用，可以弥补体育教师动作示范的一些不足，从而提高了体育教学质量。因此，体育教师在选择教学方法时，在教学时间和条件允许的情况下，应最大限度地运用和发挥学校教学设备和教学空间条件的功能与作用，选择最佳的体育教学方法。

（二）学校体育教学方法的运用

现代学校体育教学方法的选择是为了更好地运用，并取得理想的教学效果，因此，在运用教学方法时，一定要注意将学校体育教学方法的主要功能发挥出来。具体而言，应做到以下几点：

1. 充分发挥出整体性

如前所述，由于学校体育的教学方法不同，其特点、功能和应用范围也都有一定的差异性，各自之间也存在一定的局限性。这就要求体育教师在运用体育教学方法时，要将这些因素有机地结合在一起，整体性地运用教学方法，从而使所运用的教学方法发挥出最佳的整体效果。

2. 充分发挥出灵活性

学校体育教学是一个持续的过程，是动态的，体育教学方法并不一定一直适用于整个教学过程，这就要求教师根据教学活动的实际情况和变化，及时、灵活地做出一定的应对措施。

3. 充分发挥出启发性

学生是教学活动的主体，学校体育教学方法的运用也是为了让学生更好地学习，因此，一定要根据学生的实际情况，并使学生学习的积极性和主动性得到充分的调动，让学生的自觉性得到有效的激发，尊重学生的主体地位，培养学生的思维能力和创造精神。除此之外，还要充分调动起学生学习的兴趣和动机，通过学校体育教学方法的科学合理设计、运用，进一步培养学生的体育能力，创设情境，引导学生积极思考。

第四节 学校体育教学方法的最优化组合

教学方法优化与组合的指导思想是教师在规定的教学时间，根据教学内容、教学环境、设施条件和学生特点进行科学分析，来确定教学切入点，从多种教学方法中筛选并组合出最优化的方法。

一、学校体育教学方法优化组合的原则

在优化组合学校体育教学方法时，一定要遵循以下三种原则：

（一）最优性原则

在学校体育教学活动中，经常会碰到这样的问题：在重新组合优选教学方

法时，会出现多套教学方法，而且各具特色，那么，最终应该选哪一套呢？这时候，就要求教师通过对实际情况的分析，权衡利弊，多中选优，从而选择一套最适合的学校体育教学方法。

（二）综合性原则

在进行优化组合学校体育教学方法时要遵循综合性原则，要求在看待体育教学方法在教学中的作用与联系时要全面、整体、辩证统一。具体来说，主要表现在两个方面：一方面，要重视教法与学法的统一，否则不会取得良好的教学效果，因为两者是紧密联系、相互促进的；另一方面，要将教学方法的教学、教育、熏陶、感染、发展等功能充分地发挥出来。

（三）创造性原则

在优化组合学校体育教学方法时遵循创造性原则，其主要目的是通过对已有的教学方法进行改造、组合、创新，能够将教学方法的最大功能充分地发挥出来，取得理想的教学效果。为了达到这一目的，则要求教师充分利用自己的智慧和技巧，对已选择的教学方法进行再次完善，从而使原先的教学方法重新组合，达到发挥出教学方法最大功能的目的。

二、学校体育教学方法优化组合的程序

在对学校体育教学方法进行优化组合时，需要按照一定的程序进行。具体程序如下：

（一）进一步明确学校体育教学的任务

通过对本节课中的具体教学任务进行分析，将所有细化出的教学任务整理排列出来，并综合这些教学任务将本节课的详细任务制定出来，这些具体任务主要涉及了思想德育教育、知识技能学习、运动技能学习以及学生创新能力、个性发展培养等方面。由此可以看出，综合性的教学任务还具有指导性的作用。

（二）根据实际情况提出总体设想

以具体的教学任务、教材内容的难易程度、学生的具体情况和体育教学的外部综合条件等为主要依据，在提出教学方法的同时对其进行详细分析。在提出总体设想之前，要将教学方法对学生的适用性、在各个教学阶段完成不同教

学任务的效果作为主要依据，并且要求所提出的设想要对学生的创新精神和个性发展有积极的促进作用。

（三）优化组合多种体育教学方法

如果想对多种体育教学方法进行优化组合，要做到以下三点：

第一，制作一张包括各种可用的体育教学方法、教学细节以及最佳教学方法的工作表；

第二，多方进行比较、仔细推敲这些教学方法，去粗取精，并根据实际需要对它们做出适当的调整、配合、选定；

第三，将优化组合后的教学方法应用到体育教学活动中。

（四）实施教学方法，并对其进行评价

将优化组合后优选出来的教学方法应用于学校体育教学活动中时，教师一定要对教学方法的实施情况与学生的适应状况进行全面的跟踪了解。通过将了解到的情况综合起来得出结论，以此为依据来对教学活动进行评价，找出相应的原因，总结经验教训，并对教学活动进行适当的调整，从而使体育教学方法优化组合的理论和实践成果得到进一步的提高。

第八章　高校体育教学的创新性探索

随着我国高校体育教育的不断发展，体育教学水平要想更进一步上升到一个新的台阶，就需要在总结前人经验的基础上，大力发展先进的教育思想和教学模式，不断加强对体育教学的研究和创新，如此才能保持高校体育教学的先进性，促进体育教学更好的发展。

第一节　现代体育教育新理念

与以往旧的教育理念不同的是，现代教育理念更加注重人的自身的发展，强调现代教育是为人服务的，要"以人为本"。在这样的背景下，"健康第一""终身体育""以人为本"等教育理念都得到了很好的发展，体育教学只有建立在这些教育理念基础之上才能体现出时代性和先进性，从而得到进一步发展。

一、"健康第一"的教育理念

随着现代社会的不断发展和进步，世界上各个国家的综合实力都有了明显的提升，竞争也日趋激烈，竞争归根到底是专门人才和劳动者素质的竞争。对一个国家来说，要想立于不败之地，就必须造就一大批高质量的专门人才，而这些人才不仅要具备丰富的知识和出色的能力，同时还要有一个健康的体魄。因此，在新的时代背景下，学校教育特别强调学生的身心发展，要求学生树立"健康第一"的教育理念与思想，从而不断促进自身综合素质的发展与提高。

我国各学校相关部门要加强体育教育改革，加大学校体育教育工作的力度，从根本上促进学生身体素质的提高。大量的实践和事实表明，学生积极参与体育健身活动，不仅能有效地增强体质，还有利于心理能力的提高与发展，这对国家以及整个社会的发展都是非常有益的。

(一)健康教育的主要任务及目标

1. 调整体育教学内容,普及科学的锻炼知识

健康教育的主要目标之一就是增强学生的体质,使学生树立终身健康的意识,积极主动地参与体育锻炼之中。另外,高校体育教学应根据学生体质健康测试标准,并结合学校的具体情况,允许学生自由选择自己喜爱的体育项目,使他们自愿参与到自己喜爱的运动项目之中,从而掌握基本的健身方法和技能,树立终身体育锻炼的意识。

2. 进一步完善体育与健康教育体系

体育是一门涵盖知识非常丰富的学科,在体育教学中渗透着体育人文学、运动人体学、健康教育学等内容,使人们的体育锻炼富有科学性和人文性。在体育教学中应不断提高学生对体育课的兴趣,使他们认识到体育健康教育的意义。另外,在体育教学中,还应增加促进学生身心健康发展的常识性内容,如预防艾滋病、远离毒品、切忌吸烟饮酒等,帮助学生建立和养成良好的作息习惯,并保持健康的心理状态,这对学生的健康发展具有重要的意义。

3. 树立健康第一的指导思想

随着现代社会的不断发展,竞争也日趋激烈,在这样激烈的竞争环境下,仅仅依靠丰富的知识和较高的智慧是不能适应这种变化的。在这样的时代背景下,高校体育教育要树立"健康第一"的指导思想,培养身体健康、心理稳定、拼搏竞争、团结协作的新型高素质人才,学校体育教育的理念应从以往单纯的"增强体质"为主转移到"健康第一"。

4. 高校体育要服务于学生心理健康发展

在体育教育中,心理健康教育也是非常重要的一环。在社会主义市场经济体制下,竞争越来越激烈,来自社会各方面的因素,如学习、就业、恋爱、婚姻等都对学生造成极大的心理压力,致使很多学生产生了各种各样的心理问题。因此,学校体育教育要高度重视大学生的心理健康教育。学校体育的组织形式比较灵活,制定的体育锻炼目标因人而异,能全方位地评价学生的体育能力,对学生心理素质的提高是非常有帮助的。

5. 高校体育要服务于提高学生的社会适应能力

作为一种独特的教育形式,体育教育能在一定的规则约束下组织公平、公正、公开的竞赛,这对于学生协调人际关系、增强团队的凝聚力、加强自我心理调节能力、培养社会责任感,以及遵守社会规范都有着重要的意义。因此,在学校教育发展的过程中,应将学校体育作为一门重要的教育工具,并深入挖掘其蕴含的教育价值,促进学生综合素质的提高。

(二)在健康体育理念影响下具体实施途径探索

在新时期,学校体育要树立"健康第一"的指导思想,并将其贯穿学校工作的始终,这是新时期学校体育教育工作者应完成的重要任务。学校进行健康教育的途径要从以下四个方面重点考虑:

1. 提高体育教师的综合素质

教师的综合素质对体育教育质量的提高具有重要的作用,现代体育教育要求体育教师不能只满足于以前知识培养的单一教学模式,而是要具有一定的科研探索能力。这就要求体育教师掌握科学和人文两方面的基本知识以及具有扎实的体育基本功。体育教师要熟知信息科学、生命科学、环境科学等基础知识,了解体育教育的人文价值,掌握学生素质发展的规律,努力提高自身的综合素养。除此之外,体育教师还要建立终身学习的思想,适应不断发展与变化着的社会。体育教育也需要与任课教师、学生、家长等有关人员合作,以产生协调效应。

在现代社会背景下,体育教学还要加强教师对教学的监控能力,这主要包含教师按教学目的对教学活动的决策与设计能力,课堂组织能力和管理能力,评估学生知识、技能的能力等。体育教师应结合自己的实际经验,善于在工作中发现问题、探索问题、解决问题,努力提高自己的科研探索能力。

2. 将体育、卫生、美育有机结合

进行健康教育,除了要掌握基本的健身知识和体育能力之外,还要求学生了解和掌握基本的营养、卫生等知识,将身体锻炼与卫生保健结合起来。因此,在学校体育教育中,还应加强学生的营养和卫生指导。目前,我国学校体育与卫生保健的结合取得了一定的成效,但还没有形成一个完善的体系。因此,在体育教学中,要紧密结合学生生长发育与生活实际开展健康教育,使学生会自

我保护，预防疾病。在日常学习和教育中，要把学生青春期教育和心理健康教育作为健康教育的重要内容来抓。应广泛开展多样的体育活动，丰富校园体育文化建设，使学生的体育生活充满乐趣。体育是健与美的有机结合，寓美育于体育之中，能丰富体育的内容和形式，使学生感受到体育运动的美，进而产生主动参与体育运动的兴趣，从而提高运动能力，增强自身综合素质。

3. 培养学生的健康意识和行为

学校体育教学应从学校的实际情况出发，制定适合学生发展的体育教学大纲与教材，组织好学生参加体育运动锻炼。在上体育课时应注意运动适量，不应矫枉过正；在体育课外活动中应加强体育教师的指导力度；开展多种形式的体育比赛；有针对性地加强营养学、心理学、保健学、环保学、身心健康等方面的知识教育。

4. 加强学生健康知识和锻炼方法的培养

大学生参加体育锻炼，必须具备体育健康的知识和方法，这是非常必要的。在以往的体育教学中，大部分体育教师都过于重视运动技术的培养，而忽视体育健康知识的传授，这在一定程度上导致了学生体育锻炼的盲目性，因此，对学生进行健康知识的培养和传授能有效避免这种情况的发生。另外，学校体育教育工作还应立足学校，放眼社会，多开设社会体育设施建设的项目，为终身体育的开展创造有利的条件。良好的、受学生欢迎的运动项目能提高学生锻炼的积极性，有助于其良好运动习惯的养成。

综上所述，在体育教学中应坚持以运动技术为主，同时重视健康知识和健身方法的传授，充分挖掘和开发受学生欢迎的体育运动项目，以培养和提高学生参与体育运动的兴趣，进而培养终身体育的意识。

二、终身体育的教育理念

健康体育和终身体育是大学体育教育非常重要的两项内容，这两方面相互影响、协调推进。发展到现在，各个国家的学校都特别强调终身体育的重要性，由此可见，终身体育已成为世界体育发展的潮流。在高校体育教育中，高校应树立以学生健康为导向的体育观念，为学校的工作重心指明方向，使学生长期坚持体育锻炼,以达到终身体育的目的。

(一)终身体育概述

所谓终身体育,是指人们在整个生命过程中所进行的科学的、有效的身体锻炼和所受到的各种体育教育的总和,随着生命的诞生而开始,随着生命的消亡而结束,是人们对体育教育与锻炼存在的意义在理性思辨上的根本改变。简言之,就是贯穿人类一生的体育活动或与生命具有共同外延的持续的体育教育过程。一般来说,终身体育教育的过程可以分为学前体育、学校体育和社会体育等三个教育层次,其中,高校体育教育是学校体育的主要组成部分,也是终身体育教育至关重要的一环。

随着现代社会的不断发展,竞争也越来越激烈,这对大学生提出了更高的要求,要求其不仅要有知识、理想、道德,同时还要有健康的体魄和心理。大量的实践已经表明,体育锻炼不但能使人们拥有强健的体魄,还能促进其心理健康水平的提高。有关数据表明,人们对终身体育的要求主要是来自对健康的需求,这与高校提出的健康体育观遥相呼应,也为终身体育增添了新的动力,有利于终身体育观念的贯彻和实施。

在 21 世纪,我们要牢固树立终身体育锻炼的理念,以奠基健康的身体素质和培养积极向上的精神风貌,不断提高个人的生活质量。当学生感受到体育运动的重要性时,又会积极主动地参与到体育锻炼之中,进而形成良性循环,最终实现终身体育的目的。

(二)终身体育的培养

1. 要注重培养学生终身体育的意识

对学生进行终身体育的培养首先就要增强学生的体育意识。现代心理学理论认为,行为是在认识事物的前提下,在引发动机和兴趣的基础上产生的。因此在体育教学过程中,教师要帮助学生端正体育学习的态度,明确正确的体育学习目标,建立良好的学习动机,激发他们主动学习体育的热情。另外,在加强体育技能培养的同时,也要抓好体育基础理论的学习,时刻强化学生终身体育的意识,以实现学生的体育价值。此外,学生终身体育意识的培养还可以与社会化相结合,以体育的体系化、社会化为目标,实现全民健身,以实现终身体育的社会价值。在具体的教学过程中，体育教师应树立使学生终身受益的目标，对每次课堂和课外活动提出相应的要求，以健身为目标，将素质、技能、知识、能力等教育内容渗透终身体育的意识之中。

另外，在体育教学中，还要加强体育教师综合素质的培养，这对学生培养体育意识具有十分重要的意义。体育教师应具备基本的职业素养、丰富的知识、先进思想观念以及健康的精神面貌。通过丰富多彩的教学方法，让学生通过体育锻炼，认识到终身体育锻炼的价值，促使学生积极主动地参与到体育锻炼之中。

2. 及时调整学校的体育目标

终身体育是高校体育教育思想的重要内容之一。在终身体育思想观念的影响下，高校体育的发展充满了活力，学生的生命本身得到了改造。高校体育是实施终身体育的关键环节，它对增强学生的体能、心理等基本素质都具有重要的作用和意义，能帮助学生最终实现终身受益的目的。发展到现在，高校体育已经被视为终身体育锻炼的有机组成部分。因此，学校体育教育应树立强身育人的目标，贯穿终身教育的主线，在培养学生基本知识与技能的同时，促使学生认识到良好的终身体育教育的意义，并培养这方面的能力。

3. 培养和提高学生的思维能力

在体育教学中，不仅要培养学生学习体育知识和技能，同时还要培养学生的多样性思维能力。多样性思维是在个体处于复杂多样的环境下所进行的思维活动，在平时的体育教学中，要对学生进行单一思维和多样性思维的培养，经常对学生进行举一反三的思维训练。其中需要注意的是思维训练要和技术训练、战术训练、心理训练等结合起来进行。

4. 丰富学校体育教学的内容

目前，高校体育改革的目的在于使个体在有限的学生时期学习体育基础理论和基本技能，在以后的生活和工作中，能够自觉地进行体育锻炼，由此与终身体育紧密衔接起来。

为了进一步丰富体育教学的内容，高校体育课教学应进一步拓宽选修课的范围，可采取以下措施：

第一，教授交际舞、溜冰等学生乐于接受的体育项目。

第二，适当开展篮球、排球、乒乓球、足球、健美操等专项活动竞赛，并努力提高活动的趣味性。

第三，尽可能地在课堂上安排耐久跑等锻炼任务，并视季节特点做出不同的安排。

第四，适当增加哑铃操和腰腹肌训练等方面的内容，增强学生的基本体能素质。

第五，引导学生关注体育热点，讲授体育竞技规则和裁判基本知识，对大型体育比赛的技巧等进行适时的解说。

第六，支持学生自行组织各种形式的体育比赛，全面培养学生的自我组织能力和增强参与运动的意识。

5. 进行必要的体育检查与考核

体育考核是检查和衡量体育教学效果的重要手段，在高校体育教学环节中起着非常重要的作用。通过考核的反馈作用，体育教师可以及时了解学生的学习效果，进而有针对性地采取教学措施和手段提高教学质量，同时还可以充分调动学生学习的主动性和积极性。可供体育教师利用的体育考核方法有很多，教师要灵活多变地加以运用。考核项目与考核标准因人而异，考核的目的不仅在于让学生最大限度地表现自己的体育技能，增强体质，调动终身体育教育的积极性，还在于增强学生的自信心，引导学生自觉地参与体育锻炼之中。

6. 注重学生体育能力的培养

高校体育教育及改革的一个重要目的就是培养学生的体育能力。体育能力主要是指学生对体育科学活动适应和终身学习行为的心理调节能力，因此可以在体育锻炼中形成锻炼身体的主动性和积极性，进而提高其运动能力。结合当前体育教育的特点及发展情况，应注意培养学生以下三个方面的能力：第一，自觉锻炼能力，学生能够熟练地运用已经掌握的体育知识、技能，养成体育锻炼的自觉性，养成终身体育的好习惯；第二，自我评价、自我管理和自我监督的能力，让学生对自己身体的具体情况有一个正确的认识和评价，及时调整运动计划；第三，适应自然环境和社会环境的能力，增强学生对疾病的抵抗力和免疫力，培养各方面的适应能力，提高运动锻炼的水平。

7. 开展形式多样的课外体育活动

要进行体育锻炼，没有一定的场地、设施、设备是无法进行的，因此，高校应当完善体育器材和场地的管理制度，制定体育场地、器材配备的标准，为学生进行体育锻炼创造有利的条件。要充分利用广播、校报、校刊、校园网等宣传工具，或定期开展体育知识讲座、运动比赛等，来宣传体育健康的基本知识、国内外的体育赛事等，激发学生主动参与体育锻炼的兴趣。培养大学生的终身体育意识，除了要以教学为核心外，还要加强其课外体育锻炼。通过各种各样的体育活动的举办，营造积极向上的体育运动氛围，为学生的终身体育锻炼打下良好的基础。

三、"以人为本"的教育理念

（一）"以人为本"概述

"以人为本"的科学发展观及教育理念，对我国体育教育的发展具有重要的指导意义。"以人为本"中的"人"既是个体又是群体，既具有自然属性又拥有社会属性。高校体育教学要建立在以人为本的基础上，坚定不移地实施科教兴国战略和人才强国战略。

我国早在商周时期就提出了民本的思想，认为人民是一个国家的基础。发展到春秋战国时期，儒家倡导"仁者爱人"的思想、齐国管仲提出"以人为本"的治国思想，再到后来孟子的"以民为本"等思想，都与"以人为本"的思想有着密切的关系。当然，我国古代传统的民本思想与今天的"以人为本"的理念与思想并不完全相同，二者之间也存在着一定的差别。

目前我国的教育思想是建立在马克思主义以及关于人的全面发展的理论基础上，结合中国的具体实际，形成的完整而科学的以人为本的教育价值取向。"以人为本"的教育思想对我国实施科教兴国战略以及民族复兴都具有重要的意义。

（二）以人为本教育理念的贯彻

现代社会的不断发展对高校体育教育提出了多种需求，因此，在教学中贯彻以人为本教育思想是新课程改革的必然要求。在新时期，贯彻以人为本的教育理念对学校体育教育的发展和体育人才的培养具有重要的意义。

大学教育要牢牢树立以人为本的观念,要不断充实办学资源,大力开展人才培养工作,尽可能地为学生创造良好的学习环境和营造学习氛围,本着对学生高度负责的原则,提供充足的教育及教学资源,以满足学生的发展需求。要尊重学生的个体差异,促进学生的个性发展,完善培养方案,构建科学的课程体系,重视改变教学方式,增强教学的感染力、吸引力,激发学生的学习动机,调动他们学习的积极性。大学教育以人为本,首先就要关注学生的利益,树立为学生服务的观念,使学生获得个性与全面素质的共同发展。

进入 21 世纪以来,我国高等教育取得了快速的发展,体育教育也需顺应时代的潮流,不断革新教学观念,以科学的、合理的、人性化的教育观念有效地促进大学体育的发展。高校学生在终身体育观念的引导下,在贯彻"以人为本"的教育理念中得到了进一步的发展。

(三)以人为本教育理念对我国高校体育改革的启示

1. 对学校体育价值的重新定位

现代体育教学中处处彰显着人文主义精神,这与弘扬人文精神的时代潮流是相适应的。众所周知,学校体育的根本出发点和落脚点是"育人",但是长期以来,我国学校体育总是过多地关注"增强体质",而忽略了体育运动其他方面的价值。另外,随着现代社会的不断发展,实用主义对学校体育产生了重要的影响。学校忽略了对学生情感、个性等的培养,这不利于学生的全面发展。

学校体育的首要本质功能就是要增强学生的体质,但这并不是唯一的,学校体育还应该在增强学生体质的基础上,进一步拓展体育教学的人文价值,建立多元化的体育教学体系。

2. 对学校体育目标的重新建构

通过对学校体育教学的现状以及制约学校体育教学发展因素的分析,一些学者以及专家逐渐认识到技术教育和体制教育并不能完全作为学校体育实践的重心,应该把重心从单纯地追求学生的外在技能水平提高向追求学生的全面协调发展转移。这些都体现出了我国在学校体育改革中更加注重学校体育目标的人文倾向。

3. 对学校体育课程内容的重新调整

我国的体育课程是处于不断变革与发展之中的，但是目前来看，体育课程内容还不能完全满足体育教师的需求。因此，在未来体育教学改革与发展的过程中，要对体育教学课程内容做一定的调整，以适应体育教学不断变化的需求。

（1）趣味性：在体育课程改革与发展的过程中，要充分利用学生的好奇心，激发其学习的积极性和主动性。

（2）创新性：体育课程内容还要为学生创新精神的发展提供广阔的空间。

（3）适用性：体育课程内容的设置要侧重于对学生的终身体育能力的培养，加强学生与社会和生活之间的联系。

（4）普及性：体育课程内容中对一些竞技体育项目中不适合该年龄阶段学生的技术要领、规则、器材和设施要进行相应的改造，以利于学生参加运动健身。

4. 对学校体育教学的重新认识

在"以人为本"的教育理念下，出现了众多的教学观念，如成功体育、快乐体育和终身体育等，这些教育思想大都非常注重学生个性的培养、创新精神的培养以及注重激发学生的学习积极性等。在体育教学改革的过程中，一些新的体育教学模式不断出现并得到了广泛的传播，如情景式教学、发现式教学、快乐式教学以及创造式教学等。但对于如何将学生的被动学习变为主动学习，如何使学生获得良好的情感体验，如何发展学生的个性等问题，已经成为现代学校体育教学改革讨论的热点话题。

在以人为本的教育理念影响下，学生学习体育知识不再是承受痛苦和沉重的负担，而是为了展现自我、弘扬个性。在全球化的发展背景下，由于各种思想文化处在不断的发展和融合之中，因此体育教育理念和思想也呈现出多元化的发展趋势。在新的历史时期，我们应把握住机遇，加强体育教育理念的更新，从而促进体育教学的发展。

第二节 体育教学中新教育技术的应用

随着现代科学技术的不断发展,一些创新性的教育技术随之出现并得到了不同程度的发展,本节主要研究现代体育教育技术在我国学校体育教学中的发展。

一、现代教育技术概述

教育技术是关于学习过程中学习资源的设计、开发、利用、管理和评价的理论与实践。学者们将教育技术的发展分为三个阶段:第一阶段为传统技术阶段,其技术为最简单的语言、文字、黑板、粉笔等;第二阶段为媒体技术阶段,其技术有摄影、无线电、电视、语言实验室等;第三阶段则是信息技术阶段,其技术是以计算机、网络通信技术等为基础的多媒体。

(一)现代教育技术的特征

现代教育技术的基本特征表现为以下四个方面:

1. 现代教育技术以现代媒体为基础

现代教育技术对教学活动产生着重要的影响,其中现代媒体技术发挥着越来越重要的作用。如果没有现代媒体技术的参与,现代教育技术就无从谈起。随着现代体育教学技术的不断发展,新的教学技术不断冲击着传统的教学方式,教与学的各个环节也在新技术的参与下发生着质的变化。

2. 现代教育技术是一种系统技术

现代教育过程中会面临各种问题,需要借助系统的方法进行解决。现代教育以系统论作为其重要的科学理论基础,这也决定了其教学方法的系统性。现代体育教学技术是教育系统的重要组成部分,在与教育系统的其他方面共同协调和配合下,促使教育系统整体功能提高。因此,现代教育技术是一种系统的技术,是现代多媒体技术的综合,同时也与其他教育系统的因素协调配合、系统运作。

3.现代教育技术具有实践精神特性

现代教育技术具有较强的实践精神，与传统的教育技术的较强的经验性具有较大的区别。现代教育技术注重教学的理性和科学性，每一位教育工作者都能够在一定程度上操作和运用。并且随着科技的发展，教育技术的可复制性、可度量性和可操作性特征也更加凸显。

4.现代教育技术的目标是实现教学最优化

现代教育技术在现代教育过程中逐渐被推广和应用，其最终目的在于促进教学目标的实现。现代教育技术作为一个综合的系统，在一定程度上实现了教育资源的优化配置，对于教学过程中的设计、控制和决策具有重要的意义。

（二）现代教育技术的作用

1.激发学生对体育学习的兴趣

教育心理学研究表明，学习动机中最现实、最活跃的因素是认识的兴趣，人们在满怀兴趣的状态下所学的一切知识，常常掌握得迅速而牢固。现代信息技术这一新生事物在学生的眼中是新鲜好奇的象征，在体育教学过程中运用现代信息技术课件辅助教学，实质是给学生一种新奇的刺激，目的在于诱导学生对新奇刺激的探究反射，换句话说，就是采用新颖的教学手段来激发学生的学习兴趣。例如，在教篮球基础配合时，运用现代信息技术，能够比较形象地展现篮球基础配合的动作要点、动作方法、移动路线等，从而帮助学生建立正确的动作概念，使学生快速地掌握此项技术。

2.加快学生学习速度，提高学习效率

在以往的体育与健康知识的教学中，抽象的知识往往以语言描述为主，教学中即使使用一些挂图、模型等直观手段也显得较为呆板。而现代信息技术课件可利用二维、三维等空间的设计，全方位地剖析教学难点，化难为易，使看不见、摸不着的生理现象变得生动形象，从而加快学生学习速度，提高学习效率。例如，在前滚翻教学中，利用前滚翻教学课件慢放，可以使学生认识到几种常见的错误动作的原因、过程，并学习如何采取有效的措施、手段克服，从而在练习时尽量避免，在教学中起到积极的作用。

3. 帮助学生建立清晰的动作表象

清晰的动作表象是形成技能的重要基础，它来源于教师的讲解、示范、演示等教学过程。体育教学过程中有些技术动作很难用语言来描述清楚，尤其是身体腾空之后的一些技术细节，讲解的难度很大，示范的难度、效果也往往不尽如人意。而通过制作现代信息技术课件则能轻松地解决这些疑难问题，帮助学生理解动作，形成概念，记住动作形态，并在大脑中建立清晰的动作表象。例如，在鱼跃前滚翻的动作教学中，鱼跃前滚翻动作有一个腾空的过程，而教师的示范只能是完整连贯的技术动作，不可能停留在空中让学生看清楚空中的动作。对初学者来说，这样的示范在大脑中只能留下支离破碎的模糊印象，不利于他们的学习。而利用现代信息技术课件教学展示，可以自由掌控动作的快慢，从而帮助学生建立比较清晰的动作表象。实践表明，利用此项技术，可以充分激发学生学习兴趣，提高学生学习效率。

4. 有助于学生建立正确的动作概念，统一规范技术动作

体育教材主要有田径、体操、民族传统体育、韵律体操与舞蹈、篮球、排球、足球、游泳等项目，内容繁多，新内容、新规则、新教材层出不穷，不断地向体育教师提出新课题、新要求。体育教学的主要任务之一，就是使学生掌握一定的运动技能，并能在此基础上灵活地应用与创造新的运动技能。教师要上好体育课，必须要做正确、标准的示范，帮助学生建立正确的技术动作概念，这就使教师的现有水平和教学的客观需要产生了矛盾。利用现代教育技术可以帮助教师解决这一矛盾，比如运用现代网络视听媒体，把世界优秀运动员的先进规范技术介绍给学生，有助于学生建立正确、完整的技术动作概念，较好地掌握技术动作。

5. 加强学生的健康教育

体育教学中的主要任务是教会学生进行体育锻炼的方法，培养学生进行体育锻炼的习惯及体育意识，为今后学生走上社会打下良好的基础，因此学校体育教学不仅要教会学生运动技能，还要让学生学会体育健身的一些原理，以及如何健身等健康知识。但现今的学校体育教学只是在课堂上进行，教师传授的知识是有限的，如何提高学生的体育知识储备，成为当下亟待解决的问题。而

网络大容量的知识可以帮助解决这方面的问题。教师可以在课堂上提出一些学生在实际生活中常见的问题，让学生通过网络查询答案，也可以由学生自己就体育锻炼中的一些问题在网上进行查询，通过这一过程，不仅在潜移默化中对学生进行了健康教育，还培养了他们的探索精神。

6. 促进现代体育教学的管理

目前各个学校每年都要举行一次校运会，而校运会的编排、准备工作对体育教师而言工作量都非常大，利用计算机进行运动会的编排，可以大大减轻体育教师的工作负担。每年的体育达标、期末考试，体育教师都要进行成绩换算、统计，教师可以制作一个学校体育教学系统，其内容包括教研组管理、教师备课系统、学生体育达标、体育课成绩管理、运动队管理、体育器材管理等。例如查询某学生的体育达标成绩，只要输入体育单项的成绩，与其对应的分数、总分、是否达标、平均分等全部都可以自动计算生成，这样可以大大减轻体育教师的工作负担。

二、体育教学中应用新教育技术的注意事项

（一）正确认识现代教育技术

1. 正确看待技术的作用

在人们的社会实践过程中，科技极大地促进了社会的发展，但是同时也带来了一系列的问题。科技为教育提供了极大方便，但是不能将技术的作用极端化。教师只有具备较高的素养，才能够借助相应的教学技术来提高体育教学的效果。所以人—机关系永远不能代替人—人关系。

2. 不能否定体育教学技术的作用

虽然教学技术得到了快速的普及和发展，但是也有很多人对此持怀疑和否定的态度，更有甚者片面夸大了其负面的影响。有教师认为，相应的教学技术会隔绝教师与学生之间的关系，认为教学技术的发展会对学生的社会群体性产生一定的消极影响。教师既应认识到教学技术对教学活动的促进作用，同时也应认识到相应的技术的缺点和不足，最大限度地发挥教学技术在体育教育中的作用。

（二）实践和运用现代教育技术

随着现代体育教学的不断发展，教学技术更新的速度也不断加快。对教师个体而言，其个人能力相对较为有限，应对学生多方面的需求时会表现出一定的不足。教师只有不断进行学习，并且在实际教学过程中实践和应用相应的先进技术，才能够满足学生的各项需求。

1. 根据学生实际情况合理进行教育技术的运用教学

选择适合的教学内容，要符合学生的心理特点和认知规律，调动学生的积极性，为其深入理解教学内容起到画龙点睛的作用。在现代信息技术的选择和制作过程中，教师要根据教学要求、教学效果、教学目标和学生的注意力的特点，认真研究现代信息技术类型以及运用的最佳环节，不可忽视自身讲解的引导作用。

2. 把握教育技术教学与传统教学的授课比例

在体育教学中，如何把握现代信息技术教学与传统教学两者之间的比例关系是非常重要的。虽然现代信息技术教学具有重要的作用，但由于体育教学户外锻炼的特殊性，决定了现代信息技术在体育教学中只能起到辅助教学的作用。因为现代信息技术教学手段的实现依赖于现代信息技术的教学平台，也就是说它需要在室内进行，而体育教学大多数的授课时间、授课场地都是在户外完成的，因此，教育技术教学虽然是体育教学中的重要组成部分，但在使用过程中，由于各方面条件的限制只能起到辅助作用。教育技术教学计划的安排，在内容上必须围绕技能课和理论课来制定，在课时安排上要注意合理性，切不可刻意追求、喧宾夺主。

3. 运用现代心理技术服务于体育课堂教学

现代信息技术作为一种新的教学手段，对提高教育教学质量具有十分重要的作用。应该根据不同的内容组织不同的教学活动，对于何时详细讲解、何时板书、何时使用现代信息技术课件等都要做到心中有数，绝不能照"机"宣科。教师带着光盘上课看似轻松，实际上教师课前的准备还是需要下足功夫的。

体育教师不仅要熟练掌握教育技术，学会独立制作相关的课件，而且还应该了解教学课件的功能和作用，学会在教学内容环节中合理地使用。在众多的教学媒体中，无论是传统的还是现代的，都有其相应的功能，同时也有一定的适应性和局限性，必须将它们有机地结合起来，才能达到教学目的。通过教育技术辅助的教学往往比教师单纯的示范讲解更直观、更生动、更易被学生所接受。同时，教师也要注意和学生的互动，和学生打成一片，这样更有利于学生的学习。

第九章 高校体育人才培养创新策略

第一节 体育人才培养基础理论

一、我国高校体育人才培养改革方案的构建

（一）我国高校体育人才培养改革的两个维度

从高校内部教育教学改革的相关实践层面来讲，体育人才培养改革通常会受到两个维度因素影响：其一，体育教学设施设备条件与师资条件；其二，体育教学的开展方式或者是培养的模式。从设施设备条件与师资条件的角度来讲，人们重视的是人才培养模式改革中设施设备条件所发挥的基础作用与保障作用。现阶段，在改进体育人才培养模式的问题上，还没有足够重视师资条件所发挥的关键性作用。一般来讲，在体育人才培养方面，师资队伍通常会发挥出如下两个方面的重要作用：

（1）在体育教育教学规律方面，师资队伍所表现出的认识水平与理解水平。在对体育人才培养目标进行选择的时候，肯定少不了体育教育思想的一定支配。然而，在体育教学改革的实践活动中，并不是所有教师的教学改革思想与实践都能够同体育教育教学的规律相符合。例如，大部分体育教师的观点是，只要体育教师讲了，学生就能够学会，因此如果想要学生对某些东西进行学习，就必须开展体育课堂教学活动，因此课堂讲授占据了大部分体育教学的时间，这一点同体育教育规律很明显是不相符的。

（2）体育教育教学工作具有科学分解学校目标、学院目标、系目标或者专业目标，同时依据这些目标对体育课程教学活动与体育教育教学活动进行设计，并且客观地评价目标实现情况的能力。因此，使体育教师与体育管理者自身的教育教学理论与方法水平得到提高，使体育教师与体育管理人员的专业化水平培养得到加强，与体育人才培养之间存在着非常密切的关系。如果体育管理者与体育教师对上述两个方面的内容做得不够好的话，就会直接导致体育人培养模式和体育人才培养方案之间不能互相适应，想要提高体育人才质量就更加难以实现了。

由于不同的体育教育思想观念与价值观念、不同的学校类型与学科专业性质，导致在体育教育方式与体育人才培养模式维度的认识上也通常会表现出一定的差异。体育教育教学方式与体育人才培养模式相比，前者所受的关注要比后者多得多。由于总体上体育人才培养模式的泛化与模糊，体育教学过程与体育教学环节不能够同步、呼应、落实于体育人才培养模式改革，导致体育人才培养质量提升的方向与目标逐渐丧失。所以，体育人才培养模式不仅是体育教学改革的重点内容，也是体育教学质量的重要保证。

（二）我国高校体育复合型人才创新培养的方案设计

在我国高校体育复合型人才创新培养方案的设计中，首先应该针对创新体育人才培养模式，对全校范围内的教育思想大讨论积极开展，使体育教师与学生对其正确地理解。而所谓的创新型体育人才培养模式，主要指的是目标为创新体育人才的培养，基本导向为通过对学生创新性思维与创新性思维的引导，使其创新意识、创新能力与创新精神得到提高的总体育教学内容与方法体系的总称。

在对我国高校体育复合型人才创新培养方案进行设计的过程中，高校应始终坚持科学发展观的全面落实，全面贯彻党的教育方针与体育工作方针，全面推进素质教育，将学校的办学特色与办学优势充分地体现出来。按照学校的体育人才培养目标，集成或者整合已经获得的体育教学成果，对体育教学课程体系进行优化，对体育人才培养的新模式与新机制进行探索，促进学生同新时期我国社会主义现代化建设的需要相适应，促进学生实践能力、创新精神与国际竞争力的培养。

（三）对体育创新型人才的培养模式进行构建

近年来，针对体育创新型人才培养模式，学校进行了不断的探索与完善。依据《普通高等学校本科专业目录》，学校对二级专业类的相关专业实施了新的培养模式，即打通基础课，积极鼓励各院系设立跨专业、跨学科的各种实验班。截至目前，我国的大部分学校已经对多个跨专业、跨学科的试验班进行了尝试，如体能训练试验班、足球裁判试验班、高尔夫项目管理试验班、体育新闻试验班、体育媒体公共关系试验班等。

单一专业的界限被跨专业、跨学科教学实验的模式打破，使多个相关学科的交叉渗透得到了加强，使体育课程体系与教学内容得到了重新的调整，高度重视培养体育创新型人才的科学精神、创新精神与人文精神，并且也获得了理想的成绩。

其中，体能训练试验班的设立满足了国家竞技体育的需要，培养了各级运动队都需要的体能教练员；体育媒体公共关系试验班的设立是为了使各类体育组织公关事务的需要得到满足，促进体育创新型人才的培养方向朝着德、智、体、美的方向和谐发展；同体育公共关系一样，体育新闻试验班能够培养出在体育各类组织、其他体育事务部门开展工作的专门人才，这些人才可以从事的工作有很多，如发布新闻与形象推广、体育公关文秘和协作、事件营销和媒体写作、危机公关等。

如果学生具有较好的文化基础，就可以对体育媒体公共关系进行学习；高尔夫项目管理试验班的设立是为了对新的领域进行开拓，满足学校专业建设的需要，以便给学生创造更加广泛的就业空间，主要目标在于使学生能够对高端运动的基础知识、基本技术进行了解、掌握，使他们能够对这些知识与技能熟练运用，促进高尔夫管理工作的应用型人才得到培养。

二、体育创新型人才培养的细则

（一）优化体育课程实践教学体系

1.科学设计体育课程实践教学体系

近年来，对学生的体育实践能力加强培养已经变成一种世界高等教育改革的主要趋势。学校制定了《关于本科生教育实习工作的若干规定》等一系列相关文件，明确提出了体育教育实习过程管理的要求、体育教学实习的组织管理要求、体育教学实习考核总结要求等。

同时，专门规定了实习实训工作的经费问题，实行三级教育实习质量监控体系，即对于实习基地中具有丰富体育实践经验，对于学生培养要求、聘请目标比较熟悉的专家，请他们承担学生实习指导教师；学院领导巡回检查、队部主任定点负责，保障实习结果与实训结果。

按照本专业的特色，各个院系制定了专业特点鲜明的实习工作管理规定。在具体的实践过程中，体育教育专业对全新的实习、实训工作体系进行了探索，即"三个阶段"与"一个平台"，其中所谓的"三个阶段"主要内容如下：第一阶段，在体育实践教学活动开展的过程中，对学生基本教学能力要加强培养；第二阶段，在体育实习活动进行的过程中，全面化地培养学生的综合教学能力、科研能力、工作环境的适应能力；第三阶段，学生能力中的薄弱环节会通过体育实习活动的开展而暴露出来，同时能够得到及时改进。而这里所说的一个平台，主要指的是对一个体育基地教学实验与科研平台进行建设。

在体育教学的实践活动中，这一工作体系所取得的成效是非常明显的，能够使学生扎实的体育教学基本功与较高的专业技能水平得到培养。学校体育实习与实训工作同实际紧密地联系在一起，使学生的体育基本技能得到强化，能够明显促进学生体育实践能力的提高。

2. 加强培养学生的体育科研能力

从体育科研能力培养的问题上来讲，学生的毕业论文和科研能力应该被高校紧密地联系在一起，通过学科优势与资源优势对学生进行鼓励，同时与体育运动实际和科研活动有机结合在一起，将体育综合性的专业训练与初步的科研训练作为主要目标，实施导师负责制度，和体育教师一起，利用设计实验、学期小论文、毕业论文等方式攻克课题研究，使学生的体育科研能力得到提高。

同时，相关的一些运动项目管理中心建立了科研工作站，创造了培养学生体育实践能力与创新精神、较早参加创新活动与科研活动较有利的条件。

3. 创建同市场需求相适应的体育实践教学体系

体育课程实践教学平台能够对包含三个层面内容的体育课程实践教学体系进行构建，其中三个层面主要指的是体育基础实践教学、体育专业实践教学、体育综合实践教学。所谓的体育基础实践教学，主要目的在于对学生的体育基本技能与基础实验能力进行培养；所谓的体育专业实践教学，主要同培养方案中的同体育专业基础课程与学科相关的专业实验、课程实践、毕业论文、各种各样的实习实训工作等相对应；而所谓的体育综合实践教学，通常包含一定的素质拓展内容，一般会同培养方案中公共选修课程相关，或者是同课外科技活动相关联。

（二）构筑实践创新能力的培养平台

1. 对实验室加强建设，使学生实践环境得到优化

本科生创新实验室作为教学环境，能够使学生的实践能力与创新精神得到最佳的培养。同时，相关实验室或者教学实验中心的建成创造了良好的平台，以利于学生科技创新活动、实践训练活动、课外科技活动与学科竞赛活动的顺利开展。建立创新教育与实践培养基地，开展科技创新活动，对当代大学生实践能力及解决问题的素养培养是十分重要的。创新教育与实践培训基地，为学生搭建了一个有益于科技创新活动开展的良好平台，使学生的聪明才智与创造

潜力得到充分发挥，促进了科技创新人才的培养，使高水平科研成果最大限度地发挥作用。

2. 使科技实践活动得到强化，对创新教育氛围努力营造

实施对本科生的科研培训计划，对学生的创新能力进行培养。将高校学生的学科竞赛作为重要媒介，开展丰富多彩的创新实践活动。

三、体育创新人才应具备的素质与培养途径

（一）体育创新人才应具备的基本素质结构

体育创新人才培养的一个最基本素质就是树立正确的人生观，这同样也是形成创新意识的主要动力和源泉。马克思主义哲学的观点是事物的运动、变化、发展，这三个范畴的关系既互相独立又互相区别。其中，变化的最高形式就是发展。一切行为的出现都是基于一定的方法论与世界观的影响。在正确人生观的指导下，贡献于人类文明和进步的远大理想才能够出现，能够对科学技术发展起到推动作用的高尚的、艰苦奋斗精神才能够存在，发明创造、革新技术的强烈愿望才能够出现。

体育创新人才培养的催化剂是集体协同能力与良好的意志品质。意志作为一种行为准则，能够使人对目标自觉地确定，同时对自己的行为进行调节与支配。从本质上来讲，创新的过程就是高度复杂的一种意志过程。

（二）体育创新人才的培养途径

1. 形成创新思维机制

（1）发散思维大量参与。在创新思维中，不仅有发散思维的存在，还有聚合思维的存在，可以说创新思维是发散思维与聚合思维的统一体。在每一项技术革新开展的过程中，都需要先对自身已有的知识与经验进行利用，充实各种各样的知识点，对种种需要改进的方案进行设想，这就是发散思维；之后再通过论证与实践，选择其中的最佳方案，这就是聚合思维，两者都是不可或缺的。

（2）将灵感成分掺杂其中。对思维创造而言，灵感就是其"闪光点"，这也是创新思维的主要特征之一。百思不解的难题，由于妙思突发、豁然开朗的一种体验而被即刻解答。灵感不仅具有瞬时性、突发性特点，还具备一定的规律性特征，灵感产生的主要条件是对需要研究的问题，个体应该进行较长一段时间的思考，思维需要达到饱和的状态。出现灵感的条件是当个体思维紧张的阶段过去以后，处于悠闲、精神放松的时候。

2. 培养创新思维过程中需要把握的环节

（1）形成创新思维的基础是对传统教学观念进行更新。通过上述的分析能够得出，能够与传统体育教学相呼应的体育教学模式，应该具备的优点如下：能够促进体育学科知识的学习与传授，同时对前人知识与经验的掌握还能够起到一定的促进作用；此外，还会一定的缺点存在，即使学生对体育教师与书本知识过分依赖，思维培养强调的是聚合思维，而对发散思维则没有重视，所以在其相关的认识上仍旧在前人水平上停留，新的理论成果很难产生。

（2）培养捕捉灵感。如果在解决问题的过程中，个体使用创新思维，灵感的出现就是锦上添花。对于灵感，大部分人都觉得它是可望而不可即，虚无缥缈的，事实上，如果能够掌握灵感产生的共性规律，灵感捕捉的概率就会得到提高。首先，在面对某个创新性问题的时候，保证思想准备得充分，通过对其相关资料的查阅，以及对现有知识和经验的利用，对问题解决的各种方法进行构想，这是捕捉灵感的重要基础；其次，应该秉承废寝忘食的原则，不仅仅需要在集中思考中全身心地投入，还要注意时刻都处在思考的状态中，使各处都存在思维"触角"，这是又一个捕捉灵感的基础条件；最后，经过较长一段时间的殚精竭虑以后，转移到松弛的状态，通常就可以摆脱掉惯性思维的约束，进而使创新性思维的"触角"得到舒展。

第二节 体育人才培养创新发展策略

一、培养高素质体育人才的策略

为了确保我国体育产业的健康有序发展，培养优秀的体育人才，需要采取相应的措施，加大政府扶持力度，不断改革和创新人才培养模式，以加强人才培养理论研究为核心，鼓励社会各界力量参与到人才培养体系中来。对于如何培养高素质的体育人才从以下几方面入手：

（一）加强实践能力培养

体育是一门实践性比较强的学科，在大学校园中，由于理论与实践很难协调，许多学生的实践能力比较差，体育院校大多开设体育管理学、体育经济等理论课程，对实践课设置偏少，实习时间也比较短，所掌握的实践技能远远不能适应社会的需求。所以，高校在体育人才培养方面，要重视实践能力的培养，不断扩大实习范围，与体育局或运动队签订实习协议，组织学生参加实践活动，提前与社会接触，在实际工作岗位中发现自身的不足，在校园日常学习与训练中，能够有针对性地进行培养。学生打好实际动手能力的基础，在竞争激烈的经济社会中才能有立足的本领与机会。

（二）结合市场反馈，调整人才培养战略

当前高校改革的一个重要方面就是以市场需求为导向，近年来，许多热门专业层出不穷，对体育人才就业竞争产生很大影响，许多体育院校在人才选拔上只注重数量，不考虑未来的可持续发展，不了解社会对体育人才的需求标准，盲目发展，严重影响了学校的办学质量以及学生毕业后的前途。体育院校自身的专业范围比较窄，课程设置也几乎都是与体育相关，这种专业课的设置使学生的知识面变窄，仅局限于体育方面，而社会所需要的是全面发展的复合型人才，

所以许多学生毕业后不能适应社会多样化的需求。如何改变体育人才培养模式，是体育院校领导所面临的重要问题。新一代的体育人才不但要求过硬的体育专业知识技能，而且要有组织能力、管理能力、较高的道德素养、创新精神等。高校在体育人才培养方面，要结合市场反馈，积极掌握市场对体育人才的需求，调整人才培养战略，使其既能适应社会专业职业的需求，又能够体现体育院校的地位和作用。体育院校以及高校要结合自身情况，与企业积极互动，不断改革教育方案，提高教学质量，以达到提高整体办学水平的目的。

（三）人才培养模式的改革与选择

所谓人才培养模式，是教育者根据人才培养的目标为学生设计的实现能力与素质结构的方式。随着市场经济的建立，传统的体育人才培养模式已经不能适应社会的需求，学生单一的知识结构也很难选择适合自己的职业，我国高等教育要以综合素质为基础，构建综合素质教育的创新型人才培养战略。高校毕业的体育人才要有良好的基础素质、宽厚的专业素质、较高的人文素养以及适应社会的能力。人才培养模式的选择方面，体育院校的学生只是就业大军中的一小部分，体育院校与综合院校的体育专业还存在着一定的竞争，作为综合院校，可以结合校内的资源共享，进行跨院系选修，给复合型体育人才的培养提供良好的平台，而体育院校就没有这方面的优势，只能跨校选修。不同的培养模式所培养的体育人才是存在一定差异性的，社会对体育的需求是多方面的，许多方面的人才供不应求，但还有一些专业供过于求。所以，高等院校要结合社会的需求，培养出真正符合社会需求的高水平体育人才。

（四）加强师资队伍建设

优秀的体育人才离不开高水平的教师及教练员，高校要重视体育教练的筛选与培养，对体育教练的聘任要严格把关，组织和鼓励教师相应地进入市场中来，通过市场机制来有效合理地配置人力资源，形成符合市场需求的劳动用工制度，不断地激发教师及教练的积极性，把薪酬和人才培养的有效性联系起来，形成培养人员激励政策，全面提高师资队伍整体水平，鼓励其参加主体性学术探讨，拓宽教师的知识层面和视野，全面提升教师的整体素质，从而提升教学水平。

（五）培养创新意识

创新意识是人们根据社会发展的需要，创造前所未有的事物的动机。创新是一个民族的灵魂，当今社会，各行各业都需要创新型人才，加强培养体育人才的创新精神，有利于学生毕业后在就业大军中获取竞争的机会。随着经济全球化，以人为本的时代精神要求教育领域必须培养出大批具有创新意识的人才，所以及时更新教育观念，支持学生的创新发展，就是推动社会的发展，没有机智、灵活、别具一格的工作方法，很难在体育行业中立足。没有创新，人类就只能停留在一个水准上，社会也不会前进。综上所述，培养体育人才的创新精神已经成为未来社会发展的必然条件。

二、社区体育文化与高校体育人才培养协同发展策略

（一）社区体育文化建设给体育发展带来的新思考

1. 体育消费热与产业转型相融合

在政府引导和企业转型相结合的经济新常态和背景下，社区体育的消费热无疑会拉动国民经济促进内需。大众体育消费是推动经济转型升级的重要力量。基于"健康中国2030"和"体医结合"理念的提出，我国健康产业、社区体育转型和升级、体育消费增长的需求将成为现实。鉴于此，高校体育人才培养应该紧跟国家政策和发展内涵，注重"质"和"量"的提高，着力解决人才培养社会适应性低和课程体系与现实错位等问题。

2. 健全公共服务，增加体育融资

学校体育设施对公众开放、市场体育设施和娱乐场馆的运营投入都对优化全民健身服务发挥着作用。但是，由于地区经济条件的差异和全民健身健康意识的滞后性，导致一些地区场馆和设施还相对较落后，体育融资和投入机制还

尚待完善。这就要求健全健康领域的投入，需要政府的导向作用以及提供平台吸引社会参与。区域发展不平衡的问题需要政府在政策上和资金上给予相对的倾斜，同时要求社会组织和企业对公共健康履行相应的责任，形成多格局和多样化的投资模式。

3. 综合性人才培养与健康多元化协同发展

做好社会健康大数据的采集和开展体质监测，为全民健身运动做出相应评估和建议，针对不同人群和特殊群体应实施有区别的运动处方和健康干预计划。高校是社会智力和科技的重要集散地。全民健康和"体医结合"以及健康干预、社会体育指导等措施的实施需要高校的参与和支持。这提示高校需要输出专业型和高水平且具有一定社会责任的综合型高校体育人才，同时国家健康战略计划需要多元化，政府、高校、社会、家庭和个人都要有参与意识和义务。

（二）高校体育人才培养逻辑关系与内涵分析

国家和社会对高校体育人才需求度的日益增长，尤其在体育健康服务和体育指导等方面。但与这日益增长的健康服务需求与高校体育人才培养不平衡和不充分的矛盾形成鲜明对照的是，我国体育健康和干预指导的人才缺口凸显、水平参差不齐、结构不合理。由此可知，高校发展和培养人才需充分了解人才培养和社会需求结合的位点，掌握和了解人才培养的逻辑性及其潜在关系，积极适应社会和国家对体育多元人才的需求。

1. 逻辑关系分析

社会和国家方针政策为高校体育人才培养社区体育文化建设提供了外在条件，但调动内在活力才是根本。但现在体育毕业生就业过剩和供需矛盾等问题严重影响了高校体育专业的发展。所以，高校体育专业人才培养社区体育文化建设的内在逻辑就是高校自身发展的逻辑。科学的人才培养制度和完善的教学管理是前提，将改革的逻辑回归高等教育的根本，只有这样才能为社会提供优质服务。

2. 内涵关系分析

高校体育专业人才培养的社区体育文化建设主要体现在两方面：一是以市场消费需求为导向，改变传统培养模式和相关课程设置，降低"教育资源"浪费和增加学生的择业选择；二是依据国家发展规划结合自身实际情况，有条件、有计划地改变原有发展观念。鉴于此，高校在进行高校体育人才专业化培养时需要精准和有效，并且要与时俱进以满足人民群众的需要为根本，实现高校体育专业人才培养从"需求侧的拉动"到"学校体育的推动"的转变。

（三）高校体育专业人才培养社区体育文化建设路径探索

1. 理论认识与经验借鉴

我国《"健康中国 2030"规划纲要》中指出，通过加强体医融合和非医疗健康干预、促进重点人群体育活动等方式来提高全民体质。但"体医结合"人才培养模式的建立尚处于摸索阶段。如何结合社会服务和与时俱进培养优质的体育专业人才是高校值得思考的方面。这就提示我国相关体育大学和开设体育院系学校应该依托现有资源，建立相关教学、科研及临床实践平台基地，为健康中国计划实施提供相关实践经验。同时，合理引进国外相关技术资源和人才培养模式，整合体育资源和完善人才培养模式，以市场需求为落脚点，加强"体医结合"型人才培养。

2. 转型与创新实践

如何增强学生就业能力和创新能力是亟待解决的问题。首先，培养目标应按照市场需要进一步细化，突出特色，增加与现代健康服务业相关的应用型人才培养。其次，从社区体育文化建设的角度分析可知，转变培养方式，拓展选修课范围和加强校际教育资源的互补性强的特点，实行学分互认、资源共享的平台和制度支持。最后，探寻健康产业发展与自身创业就业的契合点。高校在转变和拓展就业渠道的同时，积极发挥学科特色和优势，面向市场为学生搭建创业和"订单式"就业平台，积极探索互联网和大数据背景下的社区体育新模式。

三、体育人才培养方案创新改革发展策略

体育教育专业人才培养模式的构建应该包括对培养目标、课程设置、教学方式、教学手段、教学理念等诸多因素的思考，还应该在充分研究国内外同类专业办学模式的基础上，集众家之所长，既要符合基础教育需要，尤其是要与新的课程标准相适应，也要充分考虑目前毕业生去向的多元化趋势，从而为毕业生就业的多种选择提供优质的前期服务。

（一）进一步明确人才培养目标和培养规格

新课程方案在人才培养目标上实现了由"中学体育教师"到"体育专门人才"再到"复合型体育教育人才"的培养观念的重大突破，基本上顺应时代发展的趋势。但社会的发展是动态的，高校体育教育专业的人才培养目标也应是动态的：一是随着时代的发展有所调整；二是解决当今体育各种综合性问题，进行不同学科间的整合、交叉与渗透；三是培养目标应是多层次、多规格的。因此，我们必须更新教育观念，弘扬与时俱进的社会发展观、以社会发展为导向的人才培养观，根据社会的不同层次、不同规格、不同类型的高级专门人才的需求，调整人才培养目标，科学合理定位，努力培养符合社会当前和未来需要的具有创新思维、宽厚知识、强能力、高素质、广适应的新型体育人才。

（二）调整课程设置，完善课程结构

课程体系是人才培养的载体，是实现人才培养规格和要求的主要手段和途径。转变狭窄的体育专业教育为综合素质教育，加强普通教育和专业教育的融合，课程设置应向弹性方向发展。一是拓展课程体系原有框架。明确课程分类标准、各类课程的比重（学时、学分）。二是整合课程。整合和优化教学内容和课程体系，按照"横向拓宽、纵向理顺、加强实践、调整结构、精简学时"的原则，进行该课程的重组和整合。三是突出职业岗位。体育教育专业教学内容体系和课程设置改革在坚持以职业能力培养为中心的同时，必须考虑相近职业

岗位群能力培养的需要，更要注意加强学生对岗位及其内涵变化的适应性和职业范围的弹性选择，注重对学生可持续学习能力与基础的充实和培养。四是注意理论教学和实践教学的有机结合，减少纯粹理论讲解和知识传授课程的比例，突出技术型、技能型和应用型课程。

（三）加强专业职业能力分析和调研，完善"专业+方向"的人才培养模式

通过职业岗位设置与分析，了解社会人才市场，完善"专业+方向"的人才培养模式。以社会为向导，以"大专业、小方向、出精品"为培养理念，改变以往单纯以竞技体育为主导，向健身、康复、娱乐、竞技和生活等全方位的育人方向转变。注重学生能力培养，拓宽专业口径，着重培养适应面宽、应变能力强的复合型人才。重视课内外实践活动，加强教育实习和科研活动。

第三节 体育人才培养模式的创新实践

一、应用型体育人才培养模式创新实践

（一）应用型体育人才培养的模式

应用型人才培养的主要目标着眼于服务、生产、管理、建设等方面，重视能力、素质、知识的全面发展。应用型人才培养的教育活动与课程设置都是围绕"培养应用型人才"的目标展开的。体育教学作为高校教育教学的重要组成部分，对大学生的身心发展具有重要作用。相较于其他学科，它具有鲜明的实践性和应用性。同时，当前社会经济发展需要大量应用型人才，因此高校应当结合体育教学的优势特点和社会发展需求，革新体育教学模式，开展丰富多彩的体育教学活动，打破传统体育教学的框架，以学生的个性需求为出发点，切实做到因材施教，充分挖掘学生的体育潜能。此外，还应当根据就业导向及时

调整体育教学计划，制定应用型人才培养目标，提升体育专业学生的社会适应能力和就业竞争力。

（二）高校体育应用型人才培养的教学实践策略

1. 提升教师队伍素质

教师是应用型体育人才培养的重要因素，教师队伍素质的高低对应用型体育人才的培养具有直接影响。因此，若要提升应用型体育人才质量，就必须重视师资力量。应用型人才培养目标要求体育教师要打破传统体育教学模式的束缚，广泛调查和了解体育专业学生的学习兴趣、专业基础、实际需求等，并在实际教学中有机融入社会、心理、能力、人文等诸多领域知识，增强体育专业学生的综合能力。此外，应用型人才培养还要求高校体育教师要不断学习，丰富自身的知识储备，扩大自身文化视野，提升自己的组织、管理和设计能力，增强自身的综合素养。同时，高校体育教师还应当与其他学科教师以及教学管理者沟通，了解学生的实际情况，进而寻找合适的教学切入点。此外，还应当与其他高校的体育教师联系，及时了解最新的体育教学信息，以及社会人才需求，进而制订具有针对性的应用型人才培养计划，增强体育教学的计划性和系统性。

2. 完善教学评价体系

若要增强高校体育教学效率，就必须制定切实可行的教学评价制度，对体育专业学生的专业实践和学习成绩进行科学评价。高校可以记录体育专业学生在各个阶段的专业学习和实践成绩，并对其进行综合分析，在研究与思考的基础上及时调整体育教学计划，并适时将分析结果反馈给学生，促使学生在之后的体育学习中进行自我修正和完善。需要注意的是，高校教师要及时向学生公布每个阶段和环节的量化分值，使学生明确自身的阶段性任务，并有计划地开展体育学习和锻炼。体育教学评价要求教师将过程性与结果性、理论性与实践性有机结合在一起，增强评价体系的科学性和公平性。

3. 采用多样化教学方式

在培养应用型体育人才的过程中，教师应当充分尊重学生的主体地位，全面考虑学生的兴趣、能力、基础和性格特点，从学生的实际情况出发，并结合社会人才需求，制定多样化的教学方式。例如，可以举办体育文化节，以图片展、知识竞赛等形式帮助学生了解相关的体育心理、知识和技能。或在专业之间、学校之间举办体育竞赛，这一方面可以激发学生的参与热情，另一方面也能够增强学生的实战能力。再如，可以结合社会实际举办针对体育专业的招聘会，帮助体育专业学生了解当前社会对体育人才的各种要求，以便他们进行针对性学习和锻炼。

4. 丰富实践教学内容

传统的体育教学实践模式过于单一，这不符合当前的社会人才需求，不利于激发学生的参与积极性。因此，高校应当丰富体育教学的实践形式和内容，促使体育专业学生主动参与到实践活动中，并在实践中检验和巩固习得知识，将基础理论知识转化为实际操作能力，促使自己逐渐成长为符合当今社会要求的应用型人才。高校不仅要积极开展校内体育实践教学，还应当及时与校外相关企业和单位联系，加强校企合作，为学生提供更多的实习机会和平台。比如，组织体育专业学生到中小学进行体育教学、到社区进行义务传授体育锻炼技能、在社区开展体育问卷调查等。丰富多样的实践形式一方面能够提高学生的参与兴趣，另一方面也能够多角度提升学生素质。

二、创新型体育人才培养模式的实践途径

（一）高校体育专业教学模式改革是培养创新型体育人才的有效途径

1. 采用操作式教学，培养学生的实践能力

现实社会需要的人才是能干事、会干事尤其是能创造性地干好事的人才。

因此，高等教育要面向社会、面向实践，更新教学理念，改进教学方法，培养创新人才。首先，课程设置要适应实践的需要。应当根据形势的变化、实践的发展、社会的需求设计课程，使学生所学为实践所需，学以致用。其次，教材编写要紧扣实践。作为大学教材，既需要有一定的理论深度，又需要紧密联系实际，要有更多有利于培养学生创新能力的内容、实例、方法和经验，使学生通过学习掌握操作的理论与方法、过程与环节，既知其然，又知其所以然。最后，教师课堂讲解和示范要多方式、多手段、多角度。立足长远，着眼当前，把书本的内容具体、生动、形象地讲清楚，既注重能力培养又注意实际操作，既注重课堂演讲又注重实地示范，既注重理论阐述又注重具体动手。

2. 采用开放式教学，培养学生的创新能力

高校体育专业教学过程中，建立民主、平等、和谐的师生关系，使学生大胆交流、敢于创新。教师是课堂气氛的调节者，在课堂教学中，教师应以平等的态度去热爱、信任、尊重学生，满足学生的发表欲、表现欲，鼓励学生大胆创新。在体育学习过程中，提倡自主学习、自主活动的时间和空间，使学生有机会创新。学生在学习过程中，不受教师"先入为主"的观念制约，有足够的思考时间，享有广阔的思维空间，不时迸发出创新的火花。教师在评价时，实施开放性评价，要树立发展性的评价观，多给予鼓励，激发学生内在的潜力，切实让学生体验到成功的快乐，通过激励使学生产生积极的情绪体验，保护其创新的热情。

3. 采用激发式教学，培养学生的探索能力

一是用目标激发。在科技竞争日益激烈的今天，高校培养的学生必须具有很强的探索创新能力，没有敢于思考、敢于探索、敢于领先的能力，将难以在激烈的竞争中找到立足之地，也难以在科技创新中有所作为。因此，高校体育专业要为学生确立一定的发展目标，按照设计目标的要求，制定具体的措施和办法，多方式、多渠道地加强对学生探索能力的培养。二是用形势激发。当今

世界，谁在科技竞争方面占据优势，谁就在经济、科技和综合国力竞争中掌握主动权。因此，学校要充分利用这种形势，教育学生充分认识压力和挑战，不畏艰难，勇往直前，刻苦学习，大胆探索。三是用需求激发。一个国家要在激烈的国际竞争中占有一席之地，必须拥有大批敢于探索的拔尖创新人才，在各个领域不断探索，只有这样才能促进国家经济的发展和综合国力的提升。因此，高等学校体育院系要教育学生树立强烈的使命感和责任感，树雄心立壮志，为了国家的发展而大胆探索，为民族的振兴而大胆创新。

（二）高校体育专业创新型人才培养的保障措施

1. 加强高校体育师资队伍建设

加强高校体育师资队伍建设是我国高等教育整体发展战略中的重要组成部分，只有教师具备高素质，才有能力推动创新教育，只有具备创新意识和创新精神的教师才能适应新世纪的挑战，才能在教学中更好地对学生进行启发式、探究式的教育，培养学生的创新能力。因此，教师自身素质与教学观念决定着教育的质量和教育水平。为适应知识经济的发展要求，高校体育院系亟须一支知识结构合理、学术水平高、适应能力强和乐于奉献的师资队伍。

2. 强化学生创新精神的培养和创新人格的塑造

创新精神是创新活动的前提。一个人如果没有创新精神，就难以开展创新活动。强化创新精神教育，首先，必须强化创新动力观教育，要让学生认识到创新既是民族生存的手段，也是学生个体发展方式的导向，克服甘于守成的思想障碍，培养学生乐于创新的精神。其次，强化创新主体观教育，坚持知难而进、敢于创新的精神。再次，强化创新价值观教育，坚持正确处理个体价值、群体价值、国家价值的辩证关系，走出单一发展的思想误区，培养学生有效创新的意识。最后，强化创新协同观教育，培养学生合作创新的意识。创新人格是创新人才的情感、意志、理想和信仰等综合内化而形成的一种进取力量。这种进取力量通过自身的主观能动性的发挥，变为富有成效的创新实践活动。因此，在创新人格的培养和塑造过程中,要引导学生在自觉中培养自信,敢于迎接挑战的勇气,坚强的意志和能经受挫折、失败的良好心态。美国心理学家韦克斯勒曾收集了众多诺贝尔奖获得者青少年时期的智商资料,结果发现,这些诺贝尔奖获得者中大多数不是高智商,而是中等或者是中上等智商,但他们的创新性人格非常突出,这为他们开展创造性的工作提供了有力的保障。

3. 营造创新型体育人才成长的环境和氛围

创造性来自个人智慧和潜能的自由发挥。因此,要努力创造一种有利于激发高校体育教育专业学生创造动机,发挥他们创造性才智和潜能的民主、宽松、自由的学习环境;鼓励和倡导学生积极参与各种学术活动和体育教育改革;加强体育教育实践环节,除抓好实验课教学、毕业实习和毕业论文的设计和研究外,还应提倡开放办学,创造条件鼓励学生走出校门,参与社会体育实践活动,如各种体育竞赛的组织和裁判,中小学体育活动辅导和业余训练指导,参加中小学体育教学改革的有关观摩课和研讨课,使学生在这些活动中,将理论知识与实践结合起来,增强他们的感性认识和对体育实践的敏感性,为将来创造性地开展工作打下基础;同时,要开展创造教育知识的讲座和竞赛,使学生了解和掌握创新的思维和方法,注意培养学生的创新精神和良好的创造品质;大力宣传、表彰具有创造精神的学生,奖励具有创造性的学习和科研成果。

4. 将创新意识和创造能力作为学生考核的重要内容

课程考试、教育实习和毕业论文是高校体育专业学生学业考核的三大组成部分。在课程考试中,要改革以往考核的方式方法,加强考题设计的灵活性,重视对学生比较、分析、综合能力及创造性思维的培养;在教育实习过程中,对学生在教学思路、教学设计、教学方法和教学组织等方面所表现出来的创新思想和创造行为给予充分的肯定和积极的评价;在毕业论文的选题和研究过程中,强调求新、求异、求实的思维方式,提倡不唯上、不唯书、不唯师,勇于开拓和探索的作风。

三、"五重型阶梯式"人才培养模式的体系构建

(一)"五重型阶梯式"人才培养模式教学资源体系的构建

1. 更新人才培养方案,建设特色专业培养方案

这就要求学校要使核心主干课程更加明晰,"多能一专"特征明显,师范性更加突出。新的培养方案具有以下特点:一是突出了"多能一专"中的"专"的技能培养,新生一入学就开始进行专修;二是师范性的特征更为明显,增设了教师教育必修课程和选修课程模块;三是注重学生实践能力的培养,教育实习由以前的8周改为16周,大大提高了学生的教学技能;四是实验教学改革特色明显。运用教育学、心理学以及体育教学与训练的基本理论,熟练掌握体育教学的基本方法与手段,培养学生具有良好的教师职业素养和从事体育教学、教学研究的基本能力。了解学校体育改革与发展的动态以及体育科研的发展趋势,使学生掌握基本的科研方法,具有一定的自学能力和体育科研能力。要求学生掌握一门外语,能阅读本专业的外文书刊;掌握计算机的基础知识、应用知识和现代教学手段。主要课程设有田径、体操类、球类、武术、运动解剖学、运动生理学、体育保健学、学校体育学、学校教育学、心理学、德育与班级管理、体育课程与教学论、"三字一话"、教育见习、教育实习等。

2. 依托实验教学平台,构建"立体交叉式"的实验教学改革体系

依托"双基合格实验室"的评估,通过"运动人体科学实验室""体适能与运动康复实验室"的建设等,遵循"自主学习、自我训练、自主设计、自主实施与自主评价"的自主创新原则。树立先进的教育理念,坚持"以人为本",确定"以实验项目为载体,强化专业特色,重视过程培养、综合训练与自主创新"的改革思路与目标。"以实验项目为牵引,强化课程,重视过程、综合训练与自主创新",通过集约式整合,对多门实验课程进行整合重组,构建"立体交叉式"的实验教学改革体系框架,实现"实验教学、创新教育与实践教育"三个平台

及各个环节的相互交融。重视实践教学环节,逐步完善实验课程建设。

3. 依托教育教学实践基地,完善分阶段多形式的教育实践体系

根据体育教育专业学生成长规律,对学生的培养涵盖专业思想教育,包括理想教育、教学观摩、模拟实习、教育见习、技能训练、综合实践、教育实习和教育研习在内的实践教学内容体系,使学生通过系列实践,在大学四年期间每年均有不同的收获。逐步完成"循序渐进、逐步养成、四年阶梯式"的教育实践组织体系,同时建立稳定的教育实习基地,并强化教育实习与专业实践的管理。

4. 依托课外实践教学活动,完善全方位立体化素质养成体系

学生的自选实践活动包括专业社团活动(老年人保健协会等)与社会实践(如长沙市健身、休闲等机构的体育指导员、教练员)和实验室见习等,建立大学生创新研究会、老年人保健协会、青年志愿者协会、健美操健身俱乐部、街舞协会、体育舞蹈协会等学生社团。同时,组织学生到多个地方开展暑期实践活动,使学生逐步提高在实践中发现问题、在实践中解决问题的能力,逐渐完善和提高自身的综合素养。

(二)"五重型阶梯式"人才培养模式教学保障体系的完善

1. 实施教师能力提升计划,促进教师教学水平提升

为了加强引领示范,造就一批过硬的教学队伍,坚持以人为本的方针,采取有效措施,鼓励和吸引高水平的教师进入教学队伍,努力优化教学队伍的年龄、知识、学历、职称结构,形成结构层次合理的高素质教学团队。支持年轻教师报考博士研究生,加大对教学人员的培训力度,鼓励继续培训和教育,切实提高教学人员的综合素质和教学能力。同时,在政策和待遇上给予倾斜,造就了一支高质量、高水平、结构合理、相对稳定的教学队伍。

2. 教学管理制度改革,教学管理队伍专职化

实行网上选课、挂牌上课制度,实现一人多课、一课多人、考教分离,教、

学双方互评互查。教学管理部门每天进行教学检查,每月开展比课、查课、示范课、研究课活动,每年进行教学比武。教学大纲、人才培养方案、考试大纲、教案定期检查评比。规范学生本科毕业论文开题与写作,强化教育实习与专业实践管理。综合性、设计性和研究创新性实验的比例达到100%,实验室全部对学生开放。

3. 加强教材教学资源开发,建设优质资源

紧跟学科发展前沿,改革教材内容。通过更新、增设专题等方式,将学科前沿知识融入教材与教学过程中,重视培养体育教育师范生的学术性和专业化。学科专业带头人和骨干教师大多参与了国家和省部教材开发建设,经费资助立项编写与体育专业特色建设配套的教材。

4. 加强精品课程资源建设,推进网络课程开放共享

完善体育教育专业课程体系,夯实师范专业基础。按照专业、专项的结构,完善师范生应具备的基础课程、专业主干课程和模块方向课程,申请省级和校级精品课程。建设网络课程,其中涉及理论学科、技术学科。

第四节 "互联网+"时代体育人才培养策略

一、"互联网+"时代体育创新型人才培养体系的构建

(一)确立体育人才培养体系的目标

确立培养体育人才的目标十分必要,只有目标被确立才能让体育教学改革中所使用的互联网技术整合到教学改革中去;只有确立目标才能让培养出来的体育人才更具有创新性,更符合当下社会发展的市场需求。这些目标包括培养学生的体育理论知识的学习能力,培养学生自主学习的积极性和自主学习的意识,培养学生的体育道德让学生在从事相关工作后不忘体育对人们的重要意义,

培养学生不断进行锻炼提升自我身体素质的好习惯。

将互联网的优势运用到教学中去的案例屡见不鲜，已经成为当下教育改革的一种趋势。因此，结合互联网的优势，对互联网相关体育教学资源进行整合，并打造互联网教学平台，再配合对体育教学目标、内容、方法及评价指标的改革，构建体育专业创新实践型人才培养体系成为实现上述目标的主要方向。

（二）构建培养体系的方法

运用科学方法可以帮助构建的培养体系更好地实现，使构建的体系更好地达到构建培养体系的目标。研究可使用的研究方法有文献资料法，通过知网、万方、谷歌学术等文献平台查询相关文献，对"互联网+"和体育及健康方面的文献和实践理论进行搜索，为体系构建做好基础。而后使用逻辑分析法对搜索到的内容进行分析，去其糟粕、取其精华，将与研究目的无关的内容进行排查，对其中的研究理论和研究方法进行分析，结合其实践结果选择合适的方法，创造构建的培养体系的思路，进而构建培养体系。

随后采用专家咨询访谈法，对我国相关领域研究人员和专业人士进行访谈，咨询其对该课题的看法，同时共同探讨培养体系构建的思路和相关教学平台的建立方案，并寻求相关人士对研究方案进行可行性分析，并提出指导性建议。

最后采用实证研究法对研究制订方案投入使用并观察使用效果，将构建好的网络体育教学平台公开投放到网上，并让学生参与其中，然后定期检查观察使用情况和效果，最后对收集来的结果进行总结分析，为正式投入使用前提供修改的参考依据。

（三）通过建立教学平台实现创新型体育人才培养体系的建立

构建体育创新型人才培养体系的主要目标就是通过建设互联网教学平台来改革对学生的学习方式，因此建立相应的互联网下的教学平台是构建体育创新型人才培养体系的首要任务。打造一个优秀的网络教学平台，需要进行如下操作：首先对相关文献和资料进行查询和整合，确立资源的体系。文献内容包括体育和健康两个方面及两个方面的联系。其次通过互联网建立教学服务平台，并确立体育教学的课程内容体系，然后在所建立的网络教学服务平台上分设教学所需的功能模块。例如，生理健康知识资源模块、运动健身教学资源模块、中西医养生教学资源模块、比赛视频模块、体育微课教学视频模块、体育课件资源模块、体育资讯模块以及师生互动等模块。

在"互联网+"的时代，其最大优势就是可以共享学习资源，同时可以让学生自主选择时间进行学习，让学生的学习在任意时刻都可以进行。通过让学生在建立好的网络教学平台上自主地学习，进而构建出让学生通过网络教学平台自主创新性的学习方式的体育创新型人才培养体系。让学生在培养发展自身兴趣爱好的同时，更多地吸收新的体育理论知识，不断开发学生的创新性。

（四）对教学方式进行改革来实现创新型体育人才培养体系的构建

在"互联网+"的时代背景下，在建立网络教学平台的基础上对教学方式进行改革并取得成效的案例数不胜数，其中最为主流的教学方式就是翻转课堂。翻转课堂通过教网络教学服务平台的功能，教师将教学中用的学习资料包括音频视频和相关文档等上传到其中，然后让学生进行学习，最后教师在课堂上对学生学习中遇到的问题进行集中的答疑。这种方法有效地提高了学生学习的兴趣和主观能动性，让学自由利用自己的时间去学习，并且也一改以往以教师为课堂中心的教学方式，让学生作为课堂中的主导者，将教学中的服务对象更加偏移到学生身上。

在体育课上，教师可以使用体验教学法和个性教学法等多种教学方法对学生进行教学，让学生可以积极地融入课堂中去，在参与多种形式的课堂中找到课堂活动的乐趣，体会体育教学的本质。学生还可以选择在不同的网络教学平台上与自己兴趣爱好相关的项目，选择自己喜欢的教师。在网络教学平台上，教师通过平台对学生的学习进行管理，同时随着各种教学方式的改革，教师可以预留更多时间来关注对学生创新能力的培养，将更多的时间用在改变实训课堂的教学方式上。以此在建立网络教学平台的基础上，配合教学方式的改革，进而构建一种教师更多地为学生创新性服务的体育人才培养体系。

二、"互联网+"与高校公共体育教育人才培养融合策略

(一)完善高校公共体育教学基础条件,增加信息技术设施的投入

完善体育教育教学的基础环境,注重信息化条件下的课堂教学模式改变与创新。完善与建设信息化教学资源和设备是教师能够进行教学改革的基础与前提。只有增加各个场馆、场地的互联网技术与设备,才能保障教学的顺利进行。可以在场馆一端安装投影屏幕,教师可以借助信息化设备进行教学,还可以制作动态技术示范图,让学生可以更直观、更清晰地学习,有效建立起动作概念定型。另外,还应该对教师进行培训与继续教育学习活动。时代变化与发展速度之快,给一部分年龄大的教师带来教学上的困惑,而如何更好地运用信息化技术、更好地与之融合,不仅仅是年龄大教师的困惑。

(二)合理融合传统体育教学与互联网时代的公共体育教学

首先,教师应该运用好当前时代的互联网技术,将其用到体育教学中去。改变以往教师讲解、示范、纠错与指导的"一言堂"教学模式,可以将要讲解的内容投到大屏幕上去,结合生动的画面,将其呈现在学生面前,教学效果会达到事半功倍的效果。其次,教学内容的更新同样是发展学生的快速奔跑能力,不一定非得跑50米才行,完全可以结合当前娱乐节目中的"撕名牌"活动,穿插在课堂之中,既完成了任务,又激发了学生兴趣,教学内容要符合时代特点和要求。最后,课堂教学形式要随着信息化技术的改变而改变。比如,教师拿着本进行点名,浪费了时间,又不一定准确无误,完全可以制作点名二维码,设置每部手机只能登录一次,学生打开微信平台通过扫描一下,输入姓名、学号即可完成登录。学生相关信息即可通过信息化技术呈现给教师,既节省了教学时间,又保证了出席人员核查的准确性。其实,评价考核、终极考核、成绩查询等,均可以实现互联网技术的开放化。

（三）互联网技术与高校体育校园文化建设的融合

校园体育文化是宣传体育精神、体育道德、体育素养等方面的文化建设，旨在营造一种人文体育精神，塑造良好的热爱体育活动的校园体育氛围和体育文化。通过平台可以进行宣传，运用推送知识、有奖作答等活动，达到建设校园体育文化目的。另外，还可以利用校园广播、体育画报、体育明星头像的张贴、重要体育赛事时间表的公布等，进行校园体育文化的宣传。

（四）互联网技术与高校公共体育场馆、场地开放信息的融合

一所高校对体育教学方面的投入就是修建体育馆、体育场等各个项目类的场地设施等。一方面是学校硬件设施所需具备的，另一方面是对公共体育教学的支持与投入。学生在课余时间不愿意到场馆锻炼，原因有以下几方面：第一，场地费用高。学生群体本身就是无收入群体，在运动方面进行投入，至少在中国大学生群体中还没有形成固定观念。可以降低学生使用场馆的成本，促使学生利用休闲时间进行体育锻炼，增加场馆使用率。第二，严格把关学生体育测试。有学科考核标准和任务要求，会很大程度上限制学生偷懒、逃课现象，无形中也会督促学生利用空闲时间进行体育锻炼。提高高校体育场馆、各大场地的利用率还可以利用互联网信息化技术，通过开通软件平台业务、创建场馆信息公众号让学生了解各大场馆、场地相关信息。

第五节 体育教学改革的策略分析

一、体育教学方法改革策略

（一）及时更新教学内容，强调"精""实""新"

高职院校在体育教育专业的教学内容上要做到与时俱进，并针对自身教学实践的不足之处进行及时完善、补充，这样才能够提高整体的教学效果。教学

内容的更新可以分成三个部分进行。

首先是"精"。所谓的"精"就是把体育教育专业课程中的一些内容进行精简、合并，以此来提高教学效果。例如，把一些原本是必修课程里的内容（如体育学）和选修教材中的体育史进行整合，这样既可以避免教学内容的重复，还能够为其他专业课程的学习提供更多的空间。此外，也可以将一些普遍性的运动项目精缩，如在进行篮球或排球课程教学时可以调整教学时长，让学生把课余时间利用起来进行训练。

其次是"实"，即针对高职院校的具体情况，融入一些地方特色性的课程。例如，地处河南或河北地区的院校，可以把一些课程的课时比例进行适当性调整（增加武术类课程的课时）；地处南方区域的院校可增设一些水上运动内容，以满足学生的学习需要。

最后是"新"。"新"就是在教学中融入一些新兴的运动项目，如把街舞、跑酷或者滑板等街头运动项目引入教学内容中，这些项目的引入对学生今后的就业或者发展意义重大。

（二）改变传统的教学策略，重视体育教学的科学性

落实教学改革的目的就是优化整体的教学效果，强化学生的综合能力，为国家与社会培养专业能力强、身体素质好的体育人才。而要实现这个目标就要把以下几个环节的工作落实到位：

首先，高职院校对现有的入门要求进行酌情提高，并运用科学的方式优化生源质量。学校在进行招生的过程中要考虑自身的实际情况，优先选择那些具有潜质的学生，在迎合市场的同时要重视生源质量，为培养合格体育教育人才做好充分准备。

其次，运用科学的方式提高教师的职业素养和专业能力。校方在人才引进上除了设定严要求、高标准之外，还要运用"请进+走出"的培养机制，再配合公平、公正、合理的奖惩机制来全面性强化教师的职业素养和专业水平。

再次，在具体的教学实践中要采取针对性、科学性的思维方式，加大社会体育指导员以及体育运动相关的志愿者的培养力度，这样既能够解决当前中小

学体育教师力量不足的问题，还可以完善现有的专业人才培训机制。如果条件允许，教师可以在教学过程中增加一些体育情感的内容。例如，可以引导学生在现有的运动基础上加入自身感兴趣的内容，这样既能够调动学生的学习热情，强化学生的体育求知欲，还可以培养学生终身运动的意识。但值得注意的是，教师在进行体育情感培养的过程中，要严格按照因材施教的教学态度，确保学生能够具备 2~3 项运动技能。

（三）体现学生的主体性，个人能力与实践锻炼两手抓

和高职院校其他专业的学生相比，体育教育专业的学生除了要具备扎实的理论课程之外，还要拥有良好的实践能力。要实现这个目标，首先要把学生在课堂教学中的主体性体现出来。传统的体育教学中，教师通常是采用"照本宣科"的方式完成教学活动，学生依据教师的要求和示范动作进行练习，整个课堂沉闷、无趣，学生无法将自身的主体性和自主意识体现出来，只能够沿着教师的教学思路走。虽然这样的方式对提高学生的专业成绩会起到一定的作用，但对学生的个性发展和创造意识的培养是极为不利的，有一些学生甚至在学习过程中产生了厌学的念头。为了避免出现此类情况，教师在进行教学活动的过程中要重视学生的主体性，把课堂的主动权交由学生掌握。

在后续的体育教育课程或者其他的教学活动中，学生就能够顺利地激发出自主意识和参与意识，让原本被动的学习模式转化为主动式学习。

其次，教师除了要做好专业领域内的基础教育工作之外，还要重视学生个人能力的培养。通过一些针对性的方式发掘出学生的个人潜力，再把学生的能力融入整体的专业教学活动中，这样就可以确保学生将学到的专业知识和体育技能顺利地向综合素质方向转变并且内化。最后是增加体育教学中的实践锻炼内容，能够让体育教育专业的学生切实体验不同教学环境中的具体情况，并从中发现自身的不足之处并进行自我完善，全面提高学生的专业素养和专业水平。

二、"互联网+"体育教学改革策略

（一）"互联网+"对高校体育教学所起到的作用和影响意义

在开展实际教学活动中，以往教学模式及教学方法都是相对较为有限的，存在时间、空间的限制，而在"互联网+"模式下则不会存在这种限制及实际问题，将整体课程规模和影响力进行了一定程度上的拓宽、扩大，也让教育逐渐走向全面化、多元化和开放化。以往教学形态是受限于时间和空间的，在不同时间、空间范围之内所开展相关教学活动，因此教学活动的效率、效果也相对较为有限。

在现如今互联网高度发达且不断发展的今天，有关教学不再仅仅局限于课堂，可以拓展到线上和线下，同时，以往的交流模式效果和效率较差，尤其学生学习过程中都是由教师讲解并进行自行理解和练习，现如今互联网十分发达的今天，这样的情况不利于学生更好地进行学习和思考，对学生思维能力和交流能力的发展来说也会存在一定程度的阻碍和不良影响。而通过"互联网+"则可以较好改变这种不足，改变以往的交流方式，线上交流更加开放和多元，学生与教师之间的地位更加平等，在不断互换交流的过程中学生知识含量就有所提高。

除此之外，相关方法、模式及环境也给其自身教学理念方面带来了很大程度影响，需要积极认识并修正以往教学理念方面不足之处，才可以更好地提高最终教学质量和教学效果。总体来说，相关大环境及技术视域之下，高校体育教育也需要走向开放化、多元化，需要积极做出有效的教学改革，才可以更好地提高最终教学效果及人才培养的综合质量，提升最终教学与教育的成效，让体育教育在新时代背景下高等人才培养的过程中发挥自身的价值和意义，提高最终教育与教学的成效。

（二）高校体育教学改革策略分析

1. 构建体育教学信息化平台

高校体育教育在新时代背景下需要做出积极有效的改变，特别是现阶段"互联网+"发展十分迅速,所起到的作用和价值也相对较为明显,具体教学及相关操作过程中,需要积极进行信息化平台的建设与构建,从而形成良好的线上相关教学管理模式,提高最终管理及教学工作的实际成效与最终效果。教学活动管理现如今需要逐渐走向多元化和全面化,特别是在实际教学等各方面,需要充分认识到相关技术的价值和意义,有效进行实际性应用,进而提高最终管理与教学的效果。在这一过程中,体育教学信息化管理平台所起到的作用十分突出,具体操作过程中可以包括校园体育资讯、在线知识教学、课外体育锻炼签到与记录、社团管理和体育场馆及用地预约、测试数据管理等多方面。

以往教学活动中渗透性相对较差,自身多元化特点也不够明显,很大程度上影响了最终教学与教育的效果情况,不利于最终普遍性教学质量的提高。而在进行教学改革的过程中,采取这样一个平台之后管理合理性及综合性效果可以得到明显的提高,规避了以往常见教学活动与管理成效方面的问题,带来一个较为积极的影响作用。

以往开展教学活动过程中进行场地的安排和管理难免会出现冲突,其根本原因在于,当出现课程安排变动等情况下,后续安排就会面临一个较大的问题,而相关场地安排方面的问题也会接踵而至。这些问题并不罕见,而利用相关平台开展管理,则可以一定程度上避免出现冲突等问题,提高教学管理的效率和效果。

由此可见,相关平台塑造与构建是教学改革过程中相对基础、相对关键的一部分内容,其价值和意义也相对较为突出一些,通过有关平台能够实现有效管理,并优化最终管理效果和管理综合成效。

2. 实现立体化混合教学模式的应用

传统体育教学模式中具备一定的单调性,尤其不够关注学生的学习过程,仅仅关注教学过程,而对学生的练习等方面仅会关注有关指标,缺乏应有的实际性和全面性,导致很多教学问题的出现,而采用"互联网+"相关模式之后,可以更好地实现立体化混合教学模式应用,并积极关注学生学习兴趣,培养正确的运动习惯,对其成人成才乃至终身发展提供一定程度的支撑和支持。

体育教育与德育之间有着密切联系，而以往教学过程中缺乏对学生自主性、主体性方面的关注，导致整体教育和教学缺乏应有的全面化和实际性，给教学效果带来很大程度的问题。而通过线上线下的联系之后，实现立体化混合教学模式应用，就可以利用线上平台辅助学生进行学习，激发学生的学习兴趣，并让教学形式灵活多变起来，优化与提高最终教学质量和教学成效。而在教学过程中，程序也可以得到一定程度改变，可以将以往先教后学的方法转为先学后教，课前组织有序目标性自学，课上积极针对问题进行教学，课后则在线上持续跟进。由此可见，相关教学模式所起到的价值和意义也相对较为明显。

3. 多元化评价体系

在现阶段高校体育教学过程中，利用"互联网+"可以更好地进行多元化的评价，从而辅助评价指标和评价体系更加科学合理，优化最终效果和最终评价成效，辅助学生对现有体育方面的知识和技能进行一定程度的掌握。最终评价的有效性直接反映着学生现有的能力等情况，因此客观评价所起到的作用十分明显，需要结合实际情况有效进行评价，从而从运动习惯、运动能力等多方面进行多元化评价，并系统进行评价数据的处理和对比。

第六节　体育教学的创新实践路径

一、高等体育院校创新创业教育发展趋势

近年来，随着我国产业结构不断调整与升级，促使第三产业得以迅速发展，其中服务业尤为突出。体育产业作为新时代新兴服务行业，其发展趋势日新月异，呈现出旺盛的生命力，给予体育类大学生就业取向由传统就业方式向多元化从业转化的发展格局，更多符合社会需求的体育服务岗位需要具有创新创业素质的体育专业大学生去开拓创业。现阶段，高等体育院校教育仍以注重学生体育理论知识和专业技能培养为主，重视提高学生的专项社会服务水平，而忽

略在教育过程中对学生创新创业思维的嵌入，造成学生普遍缺乏创业需要的基本素养和能力，严重制约与影响高等体育院校学生的创新创业选择。

第一，目前高等体育院校创新创业教育的数量尤为广泛，但质量相对滞后。相比其他学科，教学师资是影响着其质量的主要因素，特别是专任教师的缺乏，已成为其学科建设的主要阻碍。

第二，保障机制缺乏，特别是提高教育质量的激励机制和政策保障尤为突出，部分学校甚至没有与之相匹配的专项资金。

第三，创新创业教育课程体系不够完善。这类问题不仅是高等体育院校创新创业教育的独有问题，也是现阶段高校创新创业教育的共性问题，课程体系不完善，课程教材未能与专项相匹配，是我国高校创新创业教育发展的瓶颈。

第四，缺乏系统性、科学性的创新创业服务平台，必然导致相应的政策与制度在实际落实时并不能通过系统、科学的统筹与安排，其效果大打折扣。

第五，校企合作深度不够。创新创业教育从理论学习到项目申请、落地，中间历经的所有环节必须由学校知晓，经市场检验，故要求在创新创业人才培养过程中必须融入校企协作的理念。而在教育实际中，极少有学校能形成校企联动培养的协作机制。

诚然，问题是目标实现的方向指引，透过现象看本质，不难发现，我国高等体育院校创业教育起步晚，但后劲足，特别是全国体育类创新创业大赛的成功举办以及体育产业在我国的迅速发展，给予高等体育院校创新创业教育发展极大的动力，而现代信息技术的快速发展及其与社会各界融合发展的成功案例又给予其多样化的发展途径。

二、"互联网+"背景下体育院校创新创业教育产教融合路径的内容体系

（一）"互联网+"背景下体育院校创新创业教育产教融合路径的理论基础

深化高等体育院校创新创业教育改革，整体设计需基于体育服务与体育教育的产教融合进一步深化，需符合服务国家和区域体育产业创新发展战略。因

此，高等体育院校创新创业教育产教融合路径要厘清体育类创新创业人才培养的内涵特质，以"立德树人"为根本任务，重点加强满足体育产业发展现实需求的体育服务人才培养。另外，通过校企联动，构建基于"互联网+"背景下高等体育院校创新创业教育产教融合的校企协同机制，形成协同推进高等体育院校创新创业服务型人才的联合培养。以此，结合现代化信息技术，创新高效创新创业教育路径，促使企业需求和学生发展需求的有效融合。

同时，树立产教融合的创新创业人才培养理念，构建高等体育院校创新创业教学、实践和科研的有融通机制，实现以人才培养为中心，促进学生全面发展。此外，面向社会的体育服务需求实际，搭建提高学生创新创业能力的互联网平台和项目载体，提高学生信息整合与自主学习能力，引导学生形成一种新的学习方式。

高等体育院校创新创业教育产教融合即将体育产业与创新创业教育密切结合，相互支持、相互促进，使创新创业教育成为人才培养、科学研究、产业服务为一体的产业性经营实体，形成学校与企业互为联动的教育模式。通过学校进一步对接体育产业需求，主动树立融入业界的理念，树立合作共赢的导向意识，并在管理体制、运行机制及资源配置上加快调整，把深化产教融合路径转化为自身调整发展的内在需求。高等体育院校推进产教融合没有统一固定的模式，其最重要的是要根据体育产业需求实际培养人才，面向解决企业和社会实际问题提高其创新能力和服务水平。

（二）"互联网+"背景下体育院校创新创业教育产教融合路径的内容设置

基于"互联网+"的时代背景，拓展高等体育院校创新创业教育路径，深化高等体育院校创新创业教育改革的时代视角，健全高等体育院校高校创新创业教育运行机制，建立以学生发展为核心，以满足体育产业社会服务为目标，以"立德树人"为根本的高等体育院校创新创业教育的时代路径。其内容涵盖师资队伍建设、创新创业科研服务、学生创新创业能力发展、网络平台建设、教育活动标准化、成果转化六大模块，并以内容模块为导向，构建了以互联网为工具的"企业需求导向＋学生专业发展导向"和"社会需求导向＋学生专项实践导向"相融合以及"互联网＋学校教育＋学生实践"相融合的高等体育院校创新创业教育路径。该路径中其六大内容模块既独立发展，又在信息技术的支持下实现信息共享，完成内容建设的互为补充。另外，在路径运行时，通过企业、社会与学生的互为融合，即互联网、教育与实践的互为融合，促进高等体育院校创新创业教育路径不仅满足产教融合的社会发展需求，并在信息技术的支持下不断优化升级。

企业与社会需求导向与学生个人发展在网络技术的支持下互为融汇，亦是本研究对体育高校创新创业教育路径的深化改革。首先，通过创新创业与学校专项教育，使学生具备体育产业的基本社会服务能力。通过充分发挥其体育社会服务能力，并由企业和社会市场进行进一步检验，高等体育院校创新创业教育立足于服务体育产业创新驱动需求和服务经济社会发展。主动面向市场需求，根据检验结果让学校教育在人才培养结构、质量和水平上主动进行优化调整。另外，创新创业教育的实质是人才驱动，高等体育院校要通过深化创新创业教育教学改革，创新教育路径，使之现代化、科学化，完善创新创业教育体系，促进体育类创新人才的培养质量。

三、"互联网＋"背景下高等体育院校创新创业教育的产教融合路径运行策略

高等体育院校创新创业教育随着体育产业的发展正处在快速发展期，为促进教学质量的稳步提高、创新人才培养与体育产业需求有效衔接，其创新创业教育必须加强推动"互联网＋"的课程建设机制，结合产教融合路径，优化创新创业教育的资源配置与信息共享。利用互联网技术加强高校之间、校企之间的联动合作，学生、学校与社会之间的资源互通，建立共建共享共赢的高等体育院校创新创业教育信息平台，不断提升创新创业教育质量，拓展创新创业教育路径。

（一）提高站位，优化创新创业教育理念

创新创业是体育产业社会化发展的重要举措，是健康中国的时代主题。高校重视创新创业教育，主动满足体育社会服务需求，不断深化创新创业教育改革，加强体育创新创业人才培养，要积极转变创新创业教育理念，以符合社会发展的时代要求。创新创业教育具有较强的理论性，而体育社会服务强调社会服务的实践性，必须依托产教融合不断提高学生的社会服务能力和见识。传统高等体育院校的创新创业教育是以教师为中心，明显不适于对学生能力发展的动态监控和个性化教育。结合"互联网+"的高等体育院校创新创业教育，贯穿于产教融合路径全过程，坚持以问题为导向，以能力发展为目标，以信息共享为途径，不断优化创新创业教育路径，树立基于信息技术的产教融合教育理念。

（二）资源整合，联动创新创业教育信息

体育产业我国的发展起步晚、资源零散、专业程度不高，正因为如此，体育产业在我国的发展速度相对滞后，也对我国体育专业人才培养提出更高要求。互联网的兴起极大地促进了社会各行各业的互联互通，通过"互联网+高等体育院校创新创业教育"，实现高等体育院校创新创业教育的产教融合及由大数据精准分析课程体系及教学内容与学生现实需求的契合度。"互联网+教育"的产教融合路径将创新创业教育融入学科专业建设之中，融入人才培养全过程，充分利用现代信息技术，充分整合学校之间、校企之间、学生与学校和企业之间的动态信息与现实需求，实现以问题为导向的教学、学习与实践互为联动。从教学角度，合理把控学生学习状态，适时调整满足社会需求的教学方向，不断产出体育产业所需的创新创业人才。从企业角度，提出适合企业发展的人才类型，为学校教育方向调整提供依据。从学生角度，适时发现优质学习资源，实现基于信息技术的多元化学习。可见，通过"互联网+教育"的产教融合路径可有效整合社会、企业、学校、学生等各类信息与资源，实现产、学、研协同创新，为高等体育院校创新创业教育和国家创新驱动发展战略助力。

（三）尊重规律，构建创新创业教育课程模块

体育专业大学生创新创业能力的培养必须以循序渐进为原则，以理论教学为基础，以实践教学为重心，通过信息技术工具，整合高等体育院校创新创业教育课程资源和教学实践平台，结合产业发展需求，提供教学引导方向，基于此，将创新创业教育课程模块化。本研究创新创业教育课程模块适宜遵循有序推进教育规律为基础，形成循序渐进式的高等体育院校创新创业教育课程体系。其模块设置包括队伍建设、创先创业科研服务、学生创新创业能力发展、网络平台建设、教育活动标准化、成果转化六大模块。本课程模块体系的循序渐进主要体现在教育过程随学生年级变化的层次性。首先是基础层次，即创新创业教育的基础课程，主要面向低年级学生，以培养学生创新创业意识为主要目标，结合信息技术对学生数据的过程评估，发现学生创新创业潜力。其次是提高层次，主要面向对创新创业具有较强意愿和较高潜力的学生，以培养学生创业知识、创业技巧和创业技能为目标。最后是实践层次，加强学生创新创业实践与理论相结合，以培养学生体育社会服务能力为目标，提供体育产业服务需求，由网络平台提供创新创业环境，实现产教融合的创新创业教育路径。

（四）互联互通，把控创新创业教育过程

以互联网为工具，可把学校、企业、社会与学生在创新创业教育过程中有效链接，形成高等体育院校创新创业教育的网络动态系统。在教育资源上，学校之间、校企之间、师生之间实现联动互通，实时共享。在教学活动上，通过课前课后、线上线下、校内校外的师生互动，各高校的课程资源能够得到充分利用。另外，通过互联网教学拉近了教学对象与教师的距离，拓宽产教融合的发展路径。在课程建设上，以互联网为媒介的创新创业课程建设，其目标更加契合体育产业的社会需求，课程内容更加符合学生能力发展需要，课程建设对象更加多元化，形成跨学校、跨行业、跨地域、跨学科、跨专业的创新创业教育课程建设和培育模式，极大地提高了体育类创新创业教育课程的质量。

四、"互联网+"背景下高等体育院校创新创业教育的产教融合路径

（一）创新创业教育工作精细化

互联网的广泛应用提高了信息交流的实效性、资源使用的便捷性。当代高校学生属于互联网应用的"原住民"，善于利用网络辅助学习，因此，"互联网+"背景下高等体育院校创新创业教育符合当代社会发展趋势，学校体育应充分认识这一现状，努力开发"互联网+教育"的教学模式，建立以互联网为支撑的高校创新创业教育网络平台，实现对教学过程的课程建设、考核评价、过程监控、创业服务等内容精细化管理。另外，将体育产业行情动态纳入教育平台，通过对行业需求的分类管理，提供学生实践创业的行业发展实时动态，为其创业方向选择提供现实依据。通过积极推送创业教育、创业服务等实时资讯，开辟线上与线下相结合的创新创业教育产教融合的精细化服务路径。

（二）创新创业教学目标专一化

体育教学通常是以强化学生运动技能，加强基础专业知识为主要目标，在不同专业中运动技术与专业理论的比重各不相同，其教学目标又呈现多样化，势必影响学生创新创业能力。本研究在互联网支持下，整合体育产业实时动态，共享创新创业教学资源，提供创新创业实践网络平台，贯彻以创新创业能力培养为中心的教学策略，坚持把学生创新创业能力培养作为教学目标，坚持以创新创业所需的心理品质、创业意识和创业能力为教学主线，兼顾体育专项技术和专业理论，根据学龄按层次开展教学活动，使创新创业教学目标不断集中统一。同时，"互联网+"背景下高等体育院校创新创业教育的产教融合路径也彰显了学生创新创业能力培养教学要求，突出了探究思考、自主学习和主动实践的现代教育特征。

（三）创新创业教育与实践链式服务

"互联网+"背景下的高等体育院校创新创业教育产教融合路径提供学生创新创业学习与创新创业实践以链式服务，将创新创业教育划分为理论学习、创

新创业孵化和创新创业转化三个阶段。在理论学习阶段，通过对学生创业能力的初始评估，提供创新创业能力发展的个性化教学方案，实现教学过程的因材施教。在孵化阶段，通过大数据匹配技术，先完成项目自动筛选，再由指导教师精选契合体育产业发展动态的创新创业项目进入孵化阶段。在筛选过程中通过竞争激发学生的创作热情，同时选拔适合进入创新创业培养链的优秀项目进行培养。而在转化阶段，通过校企联动，将创新创业项目投入市场化自主运营，在企业的指导下，由市场检验创新创业的可行性。经过一系列的创新创业能力链式培养，实现对学生创新创业能力渐进式提高。而在其中取得成功创新创业的案例又可反馈于创新创业教育，进一步引导创新创业教育方向的选择。

参考文献

[1] 孙超. 多元化教学方法在高校体育篮球教学中的应用探究 [J]. 冰雪体育创新研究, 2022(15): 4.

[2] 高恺. 理解式球类教学法在高校体育教学中的应用 [J]. 冰雪体育创新研究, 2022(8): 3.

[3] 李东海. 任务驱动教学法在高校体育教学中的应用分析 [J]. 中文科技期刊数据库（全文版）社会科学, 2022(10): 3.

[4] 隋虎, 李锐. 高校体育教学中体能训练的技巧与方法分析 [J]. 健与美, 2022(2): 2.

[5] 孔晶晶. 高校体育课程混合式教学方法的研究 [J]. 健与美, 2022(7): 3.

[6] 孟丝雨. 高校体育网球教学中的问题及解决方法探析 [J]. 运动-休闲: 大众体育, 2022(1): 3.

[7] 杨婷, 王贵艳. 社会主体研究方法对高校体育教学的启示 [J]. 黑龙江科学, 2022, 13(3): 2.

[8] 吴奎忠. 任务驱动教学法在高校体育教学中的应用分析 [J]. 体育世界, 2022(4): 79-81.

[9] 周灵. 新媒体信息时代下新型高校体育教学改革方法探索 [J]. 产业与科技论坛, 2022, 21(22): 2.

[10] 甘霖. 高校体育教学中比较分析教学法的运用探究 [J]. 当代体育科技, 2022, 12(29): 95-98.

[11] 陶驷翔, 宋亚明, 刘菡. 体育游戏教学法在高校身体功能训练教学中的应用研究 [J]. 当代体育科技, 2022, 12(16): 4.

[12] 胡璇, 黄丽. 新课改背景下体育游戏教学法在高校体育教学中的应用探

究[J].拳击与格斗，2022（6）：3.

[13] 王合霞，文唐亮.新时期高校体育教学训练与教育创新研究：评《高校体育教学创新方法论》[J].中国高校科技，2022（10）：1.

[14] 郑道远.高校体育教学中情景教学法的运用分析[J].拳击与格斗，2022（14）：31-33.

[15] 王烨妮.高校体育教学中实施拓展训练的方法探究[J].内江科技，2022，43（8）：2.

[16] 赵俊.当前高校体育教学理念以及改革方法探析[J].拳击与格斗，2022（8）：3.

[17] 陈鹏，卢德林.互联网背景下高校体育教学模式创新理念分析：评《体育教学的信息化教学理论与实践研究》[J].科技管理研究，2022，42（1）：5.

[18] 陈飞.基于关键词共词分析的我国高校体育教学方法研究现状[J].中国科技期刊数据库科研，2022（9）：5.

[19] 马中林.课证融合背景下高校体育教育专业学生上岗能力的培养：以体育教学方法的选择与运用为例[J].体育视野，2022（9）：3.

[20] 陈飞，晏道炯.近十年高校体育教学方法热点探讨：基于中国知网期刊文献的citespace可视化分析[J].新体育·运动与科技，2022（6）：107-109.

[21] 吴猛.新时代高校体育教学方法的创新探究[J].今天，2022（12）：203-204.

[22] 冯伦.新时代高校体育教学方法创新研究[J].冰雪体育创新研究，2022（13）：4.

[23] 徐焕喆，赵勇军.新时代我国高校体育教学改革任务及措施[J].体育文化导刊，2022（2）：98-103.

[24] 国翠翠，王雅静.高校体育教学方法与创新教育的探讨和研究[J].教育研究，2022，5（2）：54-56.

[25] 韩璐."健康中国"理念下高校体育教学的新思路[J].体育科技文献通报，2023，31（3）：3.